看见自己

女性职场生存手记

朱晶裕 著

红旗出版社

图书在版编目（CIP）数据

看见自己：女性职场生存手记 / 朱晶裕著.

北京：红旗出版社，2025.10. -- ISBN 978-7-5051

-5511-4

Ⅰ. C913.2-49

中国国家版本馆CIP数据核字第2025GY3242号

书　　名	**看见自己：女性职场生存手记**			
	KANJIAN ZIJI : NÜXING ZHICHANG SHENGCUN SHOUJI			
著　　者	**朱晶裕**			
责任编辑	徐娅敏		责任校对	吴琴峰
责任印务	金　硕		装帧设计	尚书堂
出版发行	红旗出版社			
地　　址	北京市沙滩北街2号		邮政编码	100727
	杭州市体育场路178号		邮政编码	310039
编辑部	0571-85312121		发行部	0571-85311330
E－mail	hqcbs@8531.cn			
法律顾问	北京盈科（杭州）律师事务所　钱　航　董　晓			
图文排版	大千时代（杭州）文化传媒有限公司			
印　　刷	杭州钱江彩色印务有限公司			
开　　本	880mm×1230mm　1/32			
字　　数	140千字		印　张	7.5
版　　次	2025年10月第1版		印　次	2025年10月第1次印刷
ISBN 978-7-5051-5511-4			定　价	59.00元

序言

Preface

1

2023年,在我的第二本新书《全域增长:企业数智化营销与实战》的发布会上,有读者问我:

(1)作为一名女性,你是如何平衡企业管理、出书、演讲和家庭事务的?

(2)作为两个孩子的妈妈,你是如何进行形象管理的?

(3)你是如何进行高效的时间管理的?你怎么做了那么多事,哪来的时间啊?

(4)你有被"卷来卷去"的焦虑吗?

这几个问题也是困扰我们的诸多问题中的典型代表。我的朋友A是一名成功的女性创业者,她组织过一些女性创业者的活动,她说女性创业者普遍对工作生活平衡和自己的角色定位感到很困惑。她创业之后，属于自己的时间很少，除了生病的时候可以歇一歇，其他大部分时间都被工作填满了，这种困境该如何破解？

我针对身边的女性朋友们开展了一项调查，结果显示：在当代女性的职场困境中，排名前三的是如何解决事业和家庭的平衡问题，如何获得满意的经济收入，如何获得事业发展和职位晋升。紧随其后的是自我成长和获得社会认同的需求。

这些问题引起了我的思考。想要在职场中晋升，获得更好的经济收入已成为职场女性的迫切需求，但我们又绕不开在发展事业的同时承担家庭事务的难题。这需要对时间和精力的良好管理能力，是一个很重大却很难解决的问题。

在当下的社会中，女性总想做到无可挑剔，既想发展事业，又想对育儿、家务等事情亲力亲为，导致最后什么重点都没抓住。对于自己不太成功的人生，她们往往归因于环境和运气等问题。

现实生活中女性确实会因为结婚生育的问题找工作被拒，或者因为需要承担更多家庭责任，而在职场上难以顺利晋升。

有一次，我和中德制造业研修院的秘书长 Nicole 老师聊天，她说我应该写一本关于女性能量提升的书。我突然将上面问题的答案和 Nicole 给我的建议联系起来了。于我而言，是自我的调节和源源不断的能量支撑我完成一件件人生大事，走出一个个人生低谷，经历一个个高光时刻，这些高高低低的瞬间交织，谱写成我的人生篇章。

在写这本书之前，我已出版了三本营销类的图书，我的逻辑思维能力较强，提炼方法论、将经验进行结构化是我的强项。我觉得我也可以把我的这些经验进行提炼与结构化，将我的人生故事和经历、我在职场中的实战经验、我在生活中的解决方案形成方法论，以"手记"的形式分享给大家。

人生的经历不可复制，但背后的道理其实是相通的，希望我这些毫无保留的总结和输出能对广大的女性朋友有所帮助，有所启发。

2

《哈佛商业评论》的一项研究指出：任何年纪都可能会被认为是女性的"错误年纪"。女性的能力会遭到质疑，其担任管理职务的胜任度也会受到挑战。人们总是以年龄为借口，来轻视、忽视女性的意见，不招聘或者不提拔女性。无论年轻还是年老，哪怕不去生孩子或抚养孩子，女性都被认为没有自己的职场黄金期。她们在主观上认为自己处于错误的年龄段，给自己设限，错失了很多发展机遇。

《哈佛商业评论》的这项调查揭示了这一现象背后的规律。相较于男性，女性显得不够自信，也缺乏勇气，没有所谓的职场黄金期，并且随着年龄的增长，往往不像男性同行那样被重视或被认为更有经验。

然而事实上，大多数女性并不满足于仅成为一名好妻子、好母亲，我们追求更多元化的发展——个人的成长、独立赚取财富的能力、职业的成功、更高的社会地位……

我们需要勇敢地跨出第一步，建立自信，不给自己的人生设限，无论什么年龄，我们都可以精彩绽放，活出自己独一无二的人生。我们可以努力掌控自己可以掌控的部分，认清现实后，依然奋勇向前。

3

向着这个目标，我们要努力学会看见自己，学习提升能量，让自己保持高能量的状态。

高能量是一种积极、主动、乐观的心态和状态。它可以激发我们的潜能，让我们更有创造力、影响力和吸引力。高能量不仅来自身体的健康，也来自精神的愉悦、思想的开放、情绪的稳定、价值的实现、目标的追求等多方面。真正厉害的人，内心都拥有强大的能量。高能量是一种选择，也是一种习惯，我们可以通过不断学习、锻炼、反思、实践，保持和提升我们的能量水平。

为什么保持高能量状态那么重要？高能量能让我们充满生机和活力，更加自信和幸福，更有能力应对挑战和困难。高能量可以感染他人，也可以被他人感染，当你能量很高时，工作和学习的效率也会很高，做事很带劲，事半功倍。保持高能量让你更容易吸引同频高能量的人，扩展你的人脉圈，通过与他们互助、合作共赢，就能取得更多的成就。通常，当一个人处在高能量状态的时候，其人生态度更加积极，能保持开放的心态，拥抱成长型思维，持续不断地实现自我成长。

我们不必因为受到关注和赞扬而沾沾自喜，同样我们也无须因为被忽视或批评而灰心丧气。无论何时何地、何种情境，都保持乐观的心态，积极拥抱生活，是高能量女性的特质。

高能量女性不会选择躺平，不会拒绝奋斗，也不会因为享受闲暇时光而心生愧疚，她们懂得如何在忙碌的工作和悠闲的生活中寻求动态平衡。

这本书是我个人实战经验的总结。我在本书中总结了女性职场提升之道——2（SEV），即2S+2E+2V。

2S指的是来源（Source）和策略（Strategy）。不给自己的能力设限，找到属于你自己的能量来源，并为人生制定正确的战略。

2E指的是能量（Energy）和执行（Execution）。人一天只有有限的时间和精力，作为在职场摸爬滚打的两个孩子的妈妈，我用亲身经历告诉同为女性的你如何提升能量、进行精力管理，如何提升执行力。

2V是毅力（Volition）和眼界（Vision）。即培养毅力，提升格局。毅力和眼界是我们实现目标和梦想的两个重要因素。毅力可以帮助我们坚持不懈，克服困难和挫折；眼界可以让我们看到更广阔的世界，开拓思维和视野。缺乏毅力和眼界可能导致停滞不前，错失机会和幸福。那么，如何培养毅力和提升格局呢？我将分享我的经验和方法，希望对你有所启发和帮助。

我开始写这本书时，刚好过 39 周岁生日，本书出版时我刚好40 周岁，正好献给不惑之年的自己。

目录

Contents

第一章　寻找能量之源

第二章　专注目标，制定战略

第三章　精力管理

第四章　高效执行

第五章　培养毅力

第六章　提升格局

第一章

寻找能量之源

那个独一无二的我

我们的一生有顺境，也有逆境。我们处在不同人生阶段时的认知和感悟是不一样的，正是这些不一样，成就了今天独一无二的我们。

那个独一无二的我，是由源源不断的"能量"支撑起来的。没有能量，就会如同泄了气的皮球，触地后就很难弹起来。所以，我们的人生，能量越高，能到达的顶点就越高。我们终其一生都在努力提升自己的能量，让高能量赋予我们做事的动力，去争取各种各样的成就。

什么是女性能量？

在传统的社会观念中，女性往往被定义为柔弱的，带有母性光辉的，女性的社会角色首先是女儿、是妻子、是母亲。女性能量也常与"温柔""善良""宽容""接纳""柔软"这些词挂钩，而男性能量的代表词汇却是"强悍""坚强""进攻"等，两者是相对的。在以父权制为基础的社会分工体系中，女性通常需要承担育儿、照顾家庭等工作，女性能量很容易被社会压制。

所以，我们讲女性能量的时候，要摒弃传统思维，要从"人"的角度，而非"女人"的角度去理解女性能量。女性第一步要解决的是扭转自我认知的问题，不要给那个独一无二的自己设限。

我发现很多女性在职场上没有晋升，背后深层的原因是"想太多"。

是不是我能力不够？是不是我要得太多了，为什么对现在的生活还不满足呢？我是不是就不应该出去抛头露面？女性经常被这些问题困扰。想得太多，所以停止了争取的步伐。我们发现，很多时候其实不是你的能力不够，而是你给自己的枷锁太多，想得太多，而做得太少。上述不够自信、羞耻感、愧疚感等心态是限制女性职场发展的主观因素。

我们很多人在经营自己的工作和生活时，容易受到他人评价的影响。我们经常听到这样的言论：一个女人那么拼有什么用？安心照顾家庭不好吗？干吗这么爱折腾？

正如三毛所说：你对我的百般注解和识读，并不构成万分之一的我，却是一览无余的你。说得真好！女性在职场和生活中一定要敢于展现自己的能量。要做到这一点，前提是不惧怕面对任何外界的评价甚至苛责，不让这些评价影响了自己的情绪，控制了自己的理智，不因此而放弃了主动选择过什么样人生的权利。

　　女性能量＝能量，它本没有性别之分。获取能量的第一步就是要勇敢放弃上述不够自信，容易有羞耻感、愧疚感的心态，不给自己设限，移除限制职场发展的主观因素，而这完全是我们自己可以通过主观能动性去控制的。

女性需抛弃固有成见

　　我有一个职场上很优秀的女性朋友Y，她是一家世界500强企业的技术总监。她从小就对机械玩具有着浓厚的兴趣，喜欢对各式机械装置进行拆装实验。她总是坚持自己的爱好，小时候玩伴少，她也不在意。

　　她出生在农村，家庭条件比较差，小时候周围的人经常对她父母说：女孩子不用上大学的，让她早点出去工作，帮家里赚钱。但她父母的眼光比较长远，对于这样的言论不予理会，她自己也很争气，刻苦努力，成绩一直都很优秀。她大学时选择攻读机械工程专业，并以优异的成绩毕业，拿到世界500强企业的工作邀约。脚踏实地的工作态度和兢兢业业的工作精神让她一路晋升，成为企业的首席技术工程师，管理几十人的团队。她也成为该企业进入中国市场以来的首位女性首席工程师。她有一个很重要的特点，就是不会活在别人的眼光里，而是专注于自己，做自己，无所畏惧。

吴士宏曾经只是一名普通的护士，也没有什么高学历，甚至没能上高中，这样普通的学历和职业背景好像和成功离得有点远。但她靠着自学，16 个月就考上大专，自学英语后进入 IBM 工作，从端茶倒水做起，一路成长为 IBM 的渠道总经理。随后她被微软的猎头看中，进入微软，不到 40 岁便成为微软中国的总经理，成为名副其实的"打工女王"，身家不菲。她的成功秘诀，就是不受成见的影响，勇敢地追求自己的梦想。她的经历告诉我们：抛弃成见，坚持朝着自己的目标努力奋斗，可以改变平凡人的一生。

我们在生活中也经常会听到"女孩子不适合读理科""女孩子不适合做管理""女孩子有份稳定的工作就很好了""女孩子要温柔，学会相夫教子""女性不适合这种职业"等类似的声音。这些声音经常充斥在我们身边，我们慢慢被这些偏见所影响，甚至因为大众的看法和旁人的流言蜚语，而选择了"更加适合女性"的专业和工作。但实际上，每个人都是独立的个体，不必在意他人的眼光和评价，我们每个人都应该听从自己内心的声音，根据自身实际情况选择自己心仪的专业和工作。

所有事业稍有成就的女性朋友可能都会在各种场合被问到家庭和事业的平衡问题，仿佛家庭的责任就该由女性承担。这也是目前社会的固有成见。

杨紫琼和凯特·布兰切特在一个访谈类节目中对谈。杨紫琼问凯特："你是如何平衡生活和事业的？"凯特斩钉截铁地说："我不平衡。"杨紫琼接着问："你有四个孩子，很了不起，其中还有一个是领养的。"凯特说："对，我有三个亲生的小孩，因为生活不是那么按部就班的。我不是一出生就决定，我一定要生孩子，我一定要结婚，我一定要当演员的。我是一点计划也没有的。"

中国女演员马伊琍也曾经说过：每次采访必被问到，作为一位女演员和两个孩子的妈妈，你如何平衡你的事业和家庭。特别想知道这个问题是专为女人设计的吗？下次也请问问男演员们，好想知道他们的答案是什么。

社会对于女性的期待就是发展事业的同时，还得照顾好家庭，两者都可以做到的时候才是称职的。

我们女性通常也会给自己套上各种各样的枷锁，比如我要温柔，要体贴伴侣，要宽容对方，要承担育儿和照顾家庭的责任……家庭的标签越来越强化，自然而然地，职业的标签就被弱化了，甚至有人选择撕掉"职业"标签，更别说去争取职位晋升了。而"女强人"这个词，也往往给人一种这个女性过于强势、咄咄逼人，丧失了温柔美好特质的感觉。

但事实上温柔顾家等传统美德从来不和女性的"职业"标签相矛盾。并且当一名女性在职场上发挥得极其出色，工作是她的能量来源的时候，我也不认为她就必须一定得满足社会对她承担家庭责任的期待。

大受欢迎的港剧《新闻女王》里的女主角是一位新闻工作者，

她在剧中霸气地说道："我是来做事的，不是来当花瓶的。"这个故事也从侧面反映出漂亮的女性通常会被认为是"花瓶"，空有美丽的外表却缺乏实力。女主角在剧中驳斥了这种偏见，把她的工作做到极致，取得事业上的成功，这就告诉大家女性既可以漂亮，又可以有能力、有才华。

这不仅仅是女明星和大女主的故事，也可以是我们的故事。我们在成长道路上曾被太多的成见束缚，让我们把这些束缚扯掉，勇敢地向前冲吧。

现在越来越多的女性开始通过各种渠道发出自己的声音，表达工作与家庭不能完全平衡、家庭不只是女性的责任，这是社会的进步。一方面，女性更多地参与社会活动，发展事业，对于经济社会的发展是非常有利的。巾帼不让须眉，女性在各个领域都发挥着重要的作用，取得了举世瞩目的成就。另一方面，女性可以贡献全新的想法和视角，创造更加多元和包容的文化，丰富社会的多元性，促进社会的发展和进步。

抛弃社会成见，聆听内心的声音，找到自己最擅长的领域，积极探索适合自身的成长之路，树立自信，这样才能找到自己获得能量的方式，做高能量女王，用优雅的姿态站在成功的舞台上。

女性要摆脱内心的空虚

叔本华在《人生的智慧》中说过一句话：人类最大的敌人就是痛苦和无聊。人生就像钟摆，总是徘徊在痛苦和无聊之间。生活贫困和不顺会让人痛苦；生活得太惬意，又会心生无聊。这句话真是一针见血。

我身边有一些女性朋友，本来想着40岁左右实现财富自由后，就可以躺平，过着安逸舒适的生活，哪知休息了一段时间，又回来创业了。有的悠闲了几年，有的只过了几个月，我问为什么。她们说："太无聊了。闲下来真是一件比没钱更可怕的事，就算接下来把靠时代红利和运气挣来的钱全部都赔光，我也要创业，只要让我的生活不无聊、不空虚就好。"

当你工作了一天，精疲力尽地回到家里，想轻松一下，于是开始刷短视频。你是做营销管理研究工作的，深知短视频基于大数据的算法很厉害，它们可以做到比你父母更懂你，甚至比你自己更懂你。短视频平台推送的大都是和你价值观非常相符，甚至能走进你心坎里的内容，这些内容有趣生动又不乏心灵鸡汤，你越刷越带劲，根本控制不住自己，不知不觉3小时过去了，到晚上睡觉的时间了，于是你按时进入睡眠状态。日复一日、年复一年地重复着这样的过程。

时间久了，你的感受是什么样的？是不是会感到无聊？

"给我一部手机，我能在房间里待上一辈子。"这句话在互联网上被网友反复转发。舒舒服服、毫不费力地过完这一生成了很多人的梦想。什么都不做，只刷手机，似乎是件非常惬意和幸福的事情。但是，天天看着这些差不多的、在自己认知范围内的内容，你毫无成长，最宝贵的时间却一分一秒地流逝了。

现今社会，物质生活已经较为充裕，人类最大的敌人变成了"无聊"。

惬意和无聊通常是相伴而来的。一方面我们觉得毫不费力的人生是多么惬意，另一方面我们又为天天过着重复的日子而感到无聊。无聊是精神的杀手。

叔本华说：精神空虚是产生无聊的根本原因。精神世界越丰富，无聊出现的概率越小，距离痛苦的感觉越远。当你找回丰富的精神世界，积累足够多精神财富的时候，痛苦和无聊这两大人生之敌就会神奇般地消失了。

那么，如何摆脱"无聊"？首先是要找到自己心中的热爱，充实自己的心灵。扪心自问，当初你最热爱的舞蹈，是不是被生活琐事和刷短视频占据了时间而没有坚持下去？你是不是曾经有很多想法，但是因为日常繁忙的工作而忘记了表达？你是不是曾经热爱写作，但是因为它需要太多时间，且没有短期收益就放弃了？一个充实的内心世界能帮助你抵御无趣或痛苦。找到自己的热爱，如舞蹈、写作或其他爱好，并投入其中，能帮助我们抵御生活的琐碎，避免忙碌的工作和纷扰的社交媒体消解你的表达创造力，剥夺你尽情享受乐趣的机会。

女性需要找到自己的热爱

人生的关键驱动力可以分为两种：一种是恐惧，另一种是热爱。

然而，热爱不是与生俱来的，也不是一成不变的。热爱是需要探索和培养的，而且随着人生经历的变化，可能会发生改变。女性要找到自己的热爱，就需要勇于尝试新鲜的事物，开阔自己的视野。同时，还要坚持不懈地深入学习和实践，培养专业技能和素养，从更多的满足感和成就感中寻找自己的热爱。

这里我想给大家一个建议：在寻找或培养自己的热爱时，不要受限于社会对女性的刻板印象和期待。女性不应该只局限于传统的女性标签，如贤妻良母、温柔体贴等。女性可以有不同的样子，可以有很多种兴趣和爱好，可以有很多种职业和梦想。女性应该自信地展示自己的个性和才华，追求自己的幸福，实现自己的价值。

　　我在 18 岁进入大学以前并没有充分体会到获得知识的快乐。父母从小对我很严厉，要求我成绩必须优秀。出于恐惧，我非常努力地学习，以达到父母眼中优秀女儿的标准。那个时候，我努力学习似乎不是为了自己成长，而是为了消解不能成为优秀女儿的恐惧。

　　上大学后，我离开父母，独立生活。大学本科第一学期，我考了英语学院第一名，我切身体会到了成功的快乐。自那之后，我的学习热情就一发不可收拾，我更加拼命地刻苦学习。在本科期间的每个学期，我的成绩在学院总是排名前三，研究生入学考试更是以第一名的成绩考上了上海外国语大学。

　　从这件事情中，我体会到了热爱驱动的重要性。恐惧驱动的自己不是真实的自己，更像是为了变成别人眼中的你。但热爱驱动是一个真实的自己在发力，面对真实的自己，能成就更好的自己。

　　你害怕他人嘲笑你胖，于是开始减肥，这是恐惧驱动。你害怕成绩不好，受到父母的指责，于是努力学习，以争取父母的认可，这是恐惧驱动。你害怕不努力工作会被公司辞退，这也是恐惧驱动。

　　当减肥初见成效后，你体会到减肥的好处与乐趣，发自内心地感到开心，这便是成就驱动、热爱驱动。你考了第一名后，感受到优秀的成绩带给你的满足和自豪，体会到求知的乐趣，更加勤奋地学习，这是热爱驱动。你在工作中表现出色，作为项目的领导者，成功带领团队完成了某个难啃的项目，得到了大家的认可，你的职业生涯因此更加顺利，于是你更加努力地工作，克服一个又一个挑战，这也是热爱驱动。

无论是学习还是工作中的热爱，都来自我们对于成就的愿望。我们终其一生都在寻找热爱驱动的感受，体验成就带给人生的快感。这样，我们从骨子里迸发的能量是无穷无尽的。

我的一位朋友Z在读本科时特别憧憬当作家，后来被生活所累，忘记了作家梦。现在，她看到我出了几本书，又记起了她当年的作家梦。成为作家，是她真实的兴趣，即使中途放弃后也能找回。

我建议她现在就开始写，如果不想完全暴露自己的生活，她可以给自己起个笔名。不要瞻前顾后，听从自己内心的声音，现在就开始写，找回自己的热爱。

她问："真的吗？难道我写了也可以出版吗？"我说："不要犹豫，开始写起来。我刚开始写公众号的时候，也没想到未来能够出书。"我和Z分享了我写作的经历。通过尝试写作，我激发了心中的热情。

我是受一位朋友W的鼓励从2019年底开始写作的。

W拥有中欧国际工商学院EMBA（高级管理人员工商管理硕士）学位，聪明自律，思路非常灵活且健谈，自己经营着一家广告公司。她说她在中欧国际工商学院读EMBA的时候认识了一群志同道合的朋友，都是积极主动且充满活力与智慧的人。和他们一起研究某个课题，或者开模拟实战研讨会时，她总是为同学们的思维活跃、经验丰富而感慨，时常自愧不如。不过和这些优秀的伙伴携手共进，她虽然感到有些自卑，但更多的是汲取了勇往直前的力量，感受到进步的快乐。我很喜欢与充满正能量的朋友聊天，和她们谈话我总是能得到许多感悟。

有一次聚会，她鼓励我开始写作。她说："你在这个行业积累了那么多经验，完全可以输出你的知识。"碰巧她当时自己经营着一个公众号，写与历史有关的内容，很受欢迎。2019 年还处于微信公众号的红利期，短视频还没有发展起来，微信公众号有不少受众。

新冠疫情防控期间，很多事情不能像往常那样高效地完成。受她的鼓励，我开启了我的写作生涯，也正是写作，改变了我的人生。确切地说，写作开启了我人生的另一扇窗，给了我过上另一种生活的可能。

当时我刚生二胎不久，正值人生的艰难时刻，在工作和育儿上面临双重挑战。我特别感谢生活中有这样一位挚友。受这位志同道合的好朋友的启发，我找到了新的人生窗口，开始输出营销类的专业文章，建立个人品牌和业内的专业口碑。

很多人的社会地位和赚取的财富受制于平台，同时也依托于平台。大的平台给予职场人光鲜亮丽的工作背景、履历和不菲的收入，而一旦平台发生变故，比如大规模裁员，许多职场人也可能被迫离职，职业发展大受打击。离开了大平台，职场专业人士不一定能找到提供同样甚至更高收入的职位，而如果选择其他赛道，比如创业，那么不确定性会数倍增加，创业成功与否和个人能力、运气、机遇、大环境、政策等都有关。我见过许多职场人以前在大公司晋升到高管职位，但是一旦从公司离开，不但没有找到更好的工作，创业的结果也不尽如人意。

我在尽心尽力做好工作的同时，在有余力的情况下，尽量利用业余时间，发展自己的爱好，调动身边的职业资源。通过写作建立个人品牌是我有感于此做出的决定。

2019—2022 年这几年间，我在世界 500 强企业的工作、写作事业、家庭育儿等几项事务按部就班、有条不紊地进行着，很忙很辛苦，但我凭着一股韧劲和不服输的精神，努力跨越了手忙脚乱的阶段，和子女建立了较好的亲密关系，并且在写作上取得了不少成绩。写着写着，我将写作当成了习惯，融入了日常生活，也爱上了写作。

在疫情暴发的三年间，我写了足足 100 万字，出版了三本营销类的专业书，其中一本便是在 2022 年 4—5 月上海封控期间所撰写的。那三年间，正常的生活、工作和学习或多或少会被影响。尽管我们无法控制经济环境、家世、外貌或智商等因素，但个人的努力能够塑造命运。找到自己所爱并将其变为自己的长处，可以给人带来极大的满足感。

我一直怀抱着这样的信念。在人生的各个阶段，都毫不吝啬地付出自己的努力，勇于尝试，下定决心做的事情没有什么可以阻挠我。当然，很多时候我也会判断失误，下定决心去做的事情未必有好的结果，付出了很多努力仍然失败，白白浪费时间，这也是常会发生的状况。但不管怎么样，判断正确且努力去达成好的结果总会让命运往更加积极的方向发展。

　　《新闻女王》的主演佘诗曼在一次接受采访时说，年轻时并不喜欢拍戏，但是拍着拍着就爱上了这份职业。我深有同感。我年轻的时候并不喜欢营销，但是做着做着就爱上了营销这份工作。努力工作成为我能量的源泉。

　　热爱可能都是做着做着就慢慢找到了。

　　当然，也请你做事时思考一下：能让你感到激情澎湃的事情是什么？

什么让你产生心流

心理学中有一个词叫"心流"。心流，指人们在专注进行某行为时所表现的心理状态。艺术家在创作时所表现的心理状态，作家在写作时表现的忘我、沉浸其中的心理状态，都是心流。

在你尝试的各种行为中，那些可以将你带入心流状态的，便是你的热爱和擅长。我们要想在职场晋升，就得找到自己热爱和擅长的工作。

写作时，我可以心无旁骛，极其专注地以每小时2000字的速度连续写作几小时，我沉浸其中，不会为外界的任何噪声所干扰。因为写作是我一生追求的热爱之一。

我也热爱分享和演讲，除了完成自己的本职工作，我喜欢积极参与教育事业。无论是在各大高校、各大数字化创新或营销论坛进行演讲，还是在企业管理工作中作内部分享，将我的所思所学分享给大家，受到大家的认可，帮助别人少走弯路，我觉得是很快乐的事情。这些我所热爱的事情都让我感觉生活充实、有意义、有价值。

要产生心流的状态，不仅需要找到自己热爱和擅长的事情，还需要在适合的环境和心态下进行。心理学家米哈里·契克森米哈赖建立了一个心流模型，其中有三个重要因素：清晰的目标、及时的反馈和适度的挑战。

（1）清晰的目标：指你知道你要做什么、为什么而做，以及怎样做，你对自己的期望和要求是明确的，你可以将复杂的任务分解为小的步骤，并专注于每一步的执行。

（2）及时的反馈：指你能够及时获得自己的表现和进度的信息，你可以根据反馈来调整自己的策略和方法，你可以感受到自己的成长和进步，能够及时纠正自己的错误。

（3）适度的挑战：指你所面对的难度和压力与你的能力和资源相匹配，你既不会感到无聊或松懈，也不会感到焦虑或恐惧，你能够保持一定的紧张和兴奋感，可以充分发挥你的潜能和创造力。

当这三个因素同时存在时，你就有可能进入心流的状态，你会忘记时间的流逝，忘记自我和外界的干扰，只专注于手头的任务，享受其中的乐趣和满足感。当然，心流并不是一种任何人都可以随时随地产生的状态，它需要你有足够的兴趣和热情，也需要你有足够的技能和经验，更需要你有足够的准备和投入。如果你想要更多地体验心流的美妙，就要多做那些符合上述条件的事情，并尽力做好它们。

比如我的目标是要集中精力完成一次高质量的演讲分享，我很清楚我应该做什么、怎么做。分享的过程既简单又复杂。简单之处在于演讲过程中演讲者只需要输出自己的观点，如果别人问演讲者问题，演讲者根据自己的认知、理解以及经验，进行相应的回答就可以了；复杂之处在于如果想要完成一场高质量的分享，演讲者需要事先做很多准备工作。当然，也可以将已经有的内容在不同场合再讲一遍，但如果要对听众负责，演讲者最好先了解目标听众都是谁，他们想要听到什么样的内容，又渴望从分享中得到些什么。也就是说，首先需进行适当的调查，再进行内容创作，然后发给主办方寻求反馈建议，进行修改，最终完成分享。这其实是一个复杂、耗时耗力的过程，再加上需要克服恐惧心理，就更不容易了。

回想一下，你有没有在需要面对很多人演讲时脑子一片空白的经历？这很大程度上是因为演讲者害怕自己出错，怕被别人笑话或者质疑，于是产生了恐惧心理。但是如果你完成了，那么就是完成了一项了不起的挑战。

在演讲过程中，你可以获得听众的反馈，比如幽默处有笑声，精彩处有掌声，共鸣时有附和的点头，这些都可以给你有效的反馈。

当"清晰的目标""及时的反馈""适度的挑战"这三个要素都满足的时候，你就能进入心流状态了。这三个要素，无论哪一项，都是不容易获得的。

"清晰的目标"，要求你思路清晰，知道自己想要什么，并且面对诱惑时，不会让这些诱惑扰乱你的心绪，始终知道自己要什么，并且坚持朝着目标去行动。

"及时的反馈"，需要你通过行动来给自己肯定的鼓励。围绕清晰的目标展开行动后，你感到快乐和满足，这时正反馈就产生了。这个反馈可以是自己给予自己的，也可以是别人给你的。比如，你所从事的工作受到同事的认可，你在完成一项任务时展现出良好的素养、为人处世的方式以及优秀的品格获得他人的尊敬。

"适度的挑战"，需要你走出舒适区，为了迎接挑战而付出努力。

试想一下，你做哪些事情时"清晰的目标""及时的反馈""适度的挑战"这三个要素能同时满足？如果你能根据自身特点找到让你产生心流的来源，就能为你提升能量助一臂之力。

女性也可以发挥影响力

如果你想建立影响力，那么写作和分享是非常有效的途径。通过写作，你可以清晰地表达自己的思想，传递自己的价值观，构建自己的知识体系。通过分享，你可以与更多的人进行交流，获取反馈，扩大自己的影响范围，建立自己的信誉。

写作和分享的基础是有足够的内容和见解，这需要你不断地学习和实践，积累自己的专业知识和经验。同时，你也要注意选择合适的平台和媒介，根据目标受众的特点，调整自己的语言和风格，让你的信息更容易被理解和接收。

建立影响力的过程需要持续的努力，你需要坚持不懈地写作和分享，才能逐渐形成自己的个人品牌，吸引更多的关注和支持，产生更大的社会价值。

作者出版了一部作品，受到读者的欢迎，这是影响力的体现，但大家更容易记住的可能是书中的内容和观点，而非作者个人的形象。除非你是特别出名的公众人物，比如某个明星或者世界首富。对于大多数人而言，是通过书来认识作者这个人，通过书中的观点建立对作者形象的立体的认识。

演讲就不一样了，演讲不仅能让观众理解演讲者的观点，还能让观众感受到演讲者的个人魅力。观众感受到的不只是文字，还有声音、语调以及演讲者本人。优秀的演讲能赋予内容更鲜活的气质和鲜明的特色。这对演讲者个人 IP 的打造有非常直接的好处。

读了一本书，听了一场演讲，不代表真正领悟了其中的道理，更不代表你可以学以致用。如果可以通过分享等输出方式讲出其中的核心观点，并以案例作为辅助，那么你就能将这些信息或观点真正内化为自己的知识和感悟了。将真正内化的知识进行分享就是发挥影响力的重要方式，这意味着你通过努力成为某一领域的专家，并将这个信号以知识经验分享的方式释放出去，得到他人的价值认同。

分享具有时间复利效应。你花 30 分钟作分享，假设有 100 个观众聆听了你的分享，那么你的观点传播效率就获得了 100 倍的提升。这种一对多的传播方式能显著放大你的影响力覆盖范围，你所花的时间因为分享而被极大地放大了其影响力价值，这是多么神奇且有意义的事情啊！

我第一次在几百位行业专业人士面前分享时，在分享前的几小时我十分煎熬，紧张到完全吃不下东西，坐立不安，不停地踱步想缓解这种紧张感，但最终，我度过了艰难的几小时，并圆满完成了演讲首秀。

演讲前和正式演讲刚开口讲头几句话时，是我最紧张的时刻，但只要进入演讲状态，越到后面就越流利。当我沉浸在演讲内容中时，就没有那么强烈的紧张感了。消除紧张感的一个方法是：经常和对演讲内容感兴趣的听众进行眼神交流。在交流过程中，你会感受到他们的认可，获得更多的自信，更加大胆地演讲，发挥出你的真实水平。这样，演讲也更容易获得成功。

演讲包括线下面对多人的演讲和线上直播演讲。线上和线下演讲是有很大区别的。线下演讲时你可以与听众进行言语互动和眼神交流，容易捕捉到听众的反馈。线上直播演讲你看不到听众的表情，得到的反馈可能是只言片语的评论，往往正面、负面的评论都有，演讲者要做到不被评论影响演讲思路，而是专注于演讲内容本身，顺畅地完成演讲。

无论是线上演讲还是线下演讲，沉浸其中的时候，就可以获得心流的体验。而且演讲结束后，通常能收到观众的积极反馈，这些反馈十分振奋人心，是观众对你的尊重和肯定，也是你发挥影响力的体现。

通过一次次锻炼，我对公开演讲的恐惧和紧张感也越来越少，靠着一次次战胜恐惧、勇往直前，我越来越坦然自若。没有人天生就擅长演讲，都是后天造就的，而且也只有自己可以造就这一切，关键在于有没有行动，以及是否具有不畏艰难的勇气。

我也在企业内部做过演讲。为打造学习型组织，我所就职的跨国企业中国区总裁在企业内部举办了一个读书会系列活动，每次读书会活动他都会邀请一名书籍分享者，听众是中国区的8000多名员工。第一次读书会活动，他分享了一本关于提升管理能力和领导力的书，第二次他就邀请了我。我接到这个邀约时毫不犹豫地答应了。

他问我分享什么书，我说，就分享我自己写的书《增长法则：巧用数字营销，突破企业困局》。一方面，让企业跨部门员工有机会了解数字营销的核心思想，让数字营销在企业内部承担重要角色的观点得以推广和传播，让跨部门的同事了解新的营销方式。另一方面，未来企业将更加重视交叉复合型人才，非营销部门，如财务、采购、工程、法务、产品部门等的同事都应该了解数字营销的底层逻辑。在分享前，我还是有些忐忑的，线上分享无法和观众进行有效互动，我只能一个人对着屏幕输出我的观点，但是凭借此前的多次演讲经验和对书中内容的了然于胸，我成功地完成了那次分享。后来很多同事加我微信，感谢我让他们有机会了解全新观点和前沿知识。

当时我所在公司的中国区总裁说愿意分享非常好，其实有很多同事不愿意分享。当时我挺惊讶的，意识到原来很多人其实羞于表达，哪怕满腹经纶、学识深厚，但是由于性格内向，又觉得是可做可不做的事情，于是就没有行动，对演讲分享有所迟疑。

　　对我而言，演讲前的准备过程、输出过程以及事后获得的认可都让我充满动力和能量，它既是我能量的来源，也让我在所从事的行业发挥着影响力。

　　我们终其一生都在追求人生的意义，但什么是有意义的人生？名利双收，赢得世俗意义上的成功，是不是有意义的人生？

　　我觉得人生的意义在于你选择如何度过这一生以及真实的生命体验。在不断探索、打破自我限制、迎接挑战的人生中，持续追求自我成长和竭尽所能发挥影响力的过程是非常有意义的，这些经历会深深印刻在你脑海中，让你感到无比充实快乐，没有遗憾。

　　女性朋友们，要敢于发声，大声表达你的观点，让别人感受你的魅力和影响力。

AI 时代要放弃木桶理论

我们每个人都有自己擅长的和不擅长的事。著名的木桶理论告诉我们，一个水桶无论有多高，它盛水的高度取决于其中最短的那块木板，因此这一理论也被称为"短板原则（效应）"。

木桶理论给人的启发是：一个人的成就取决于其最弱的那一项素质。在这个日新月异的信息化时代，信息高度透明，VUCA（Volatility 易变性、Uncertainty 不确定性、Complexity 复杂性、Ambiguity 模糊性）是这个时代的常态和特色，以人工智能为代表的科技颠覆创新的速度比我们想象中要更快，因此木桶理论其实已经跟不上时代发展的节奏。

2023 年 6 月 14 日，麦肯锡发布了一份题为"生成式人工智能的经济潜力"的研究报告，指出 AI 在 2030 年至 2060 年间，将取代全球一半以上的就业岗位，也就是说，50% 的职业将被 AI 取代。人工智能的发展速度真是惊人。人工智能时代的到来意味着知识已经不再稀缺，通过和 ChatGPT 对话，你可以轻而易举地获得以前要花很大精力才能获得的知识，你也可以让 ChatGPT 帮你轻松完成 PPT 制作、图表制作、画图、编程、视频制作等工作。人工智能替代的不是体力劳动者，而是脑力劳动者，这恐怕会颠覆很多人的想象。

人工智能的发展，使得许多以前需要人类努力学习和掌握的知识和技能都可以通过智能系统来实现，这对于人类的教育和职业发展提出了新的挑战。我们不能再依靠木桶理论去追求全面而平均的能力，而要找到自己的核心竞争力，即自己最擅长和最喜欢的领域，并不断加强和优化。同时，我们也要学会与人工智能合作，利用它们的优势来弥补我们的不足，形成有效的协同效应。

人工智能并不是人类的敌人，而是人类的伙伴。我们要认识到，在这个时代，最重要的不是拥有多少知识，而是如何运用知识创造价值。我们要把自己的优势作为最长的木板，而不是最短的木板，让自己的水桶变成更大的容器，承载更丰富的内容。

确实，每个人都容易忽视自己和别人身上的优势，而只看到自己和别人的不足。结果我们把大量的时间和精力都用于弥补缺点，而错过了实现更大价值的机会，个人潜能的激发大大受限，也就很难更好地发挥能力和展现价值。在如今这个快速变化的年代，如果再以木桶理论来要求一个人，去弥补每一项劣势，很显然是不合适的。无论你是刚入职的员工，还是有过多年管理经验的主管，在自我提升和团队管理方面都要积极认识自己的优点，并利用一切机会去展示和发挥自己的优势，而不是花费大量的精力去弥补自己的缺点。

我的好朋友 L 女士和我说，她的直属领导是一位十分成功的职业经理人，年轻、漂亮、学历高、能力强，但她有一个特点，即凡事要求面面俱到、尽善尽美，这让她的下属苦不堪言，倍感压力。这是管理者容易犯的错误，因为注重细节、追求完美，有时候反而丢失大局，在不必要的细节上花费太多时间，顾此失彼，也影响了下属的工作积极性。

在职场中，其实每个人都有自己的优势和劣势，管理者最大的任务就是人尽其才，将合适的人放在合适的岗位上，让他发挥个人优势。看人的标准是这个岗位所需要的素质和技能是否与这个人的长处相符。

想打击甚至毁掉一个人，最好的方法就是把他放在不合适的岗位上，不让他发挥优势，不让他体现才能。久而久之，他会觉得事情做不好，工作屡屡受挫，没有成就感，工作动力和热情便会消磨殆尽。

如果你现在从事着自己觉得屡屡受挫、毫无成就感和激情的工作，那么请积极寻求调整岗位或提升技能的机会。

要知道，大多数人都不是全才，都有自己的优势，有自己擅长的方面。有的人擅长沟通，协调能力强，适合在大企业复杂的组织架构内做沟通协调的工作；有的人专业能力强，但是不太会沟通，那么更强调专业能力的岗位就比较适合他。

未来的职场，女性将会发挥越来越重要的作用，而要想在职场上发挥更大的影响力，获得更好的个人晋升和事业发展，就不可避免地要走上管理岗位。因此，女性管理者的比例也会不断攀升。当你有朝一日成为管理者的时候，你也要有能力识别每个人的优势，并将其发挥到极致，尽可能避免让其做不擅长的工作。

放弃木桶理论，去关注自己以及团队成员的不同优势，以包容的心态和团队成员相处，教人成长，那么我们不仅能够使自身得到成长，也能使个人管理能力得到提升，成为一位真正的领导者，持续地在职场发挥影响力。

女性要学会最大限度地发挥优势

你可能会问，不是每一个人都有能力和运气成为管理者，作为一名普通的员工，我该如何最大限度地发挥自己的优势呢？

首先，要有清晰的自我认知。

知道自己的个性是什么，擅长做什么，不擅长做什么。不要指望领导来告诉你适合什么工作，只有你自己可以掌握自己的前途，也只有你自己可以决定未来的职场生活是什么样的。

这里推荐一个简单好用的经典人格分析模型——DISC 模型。DISC 模型能帮助你了解自我，建立清晰的自我认知，它也是很多领导力课程都包含的一个重要内容。

DISC 模型把人的性格简单分成四类，横轴左边是任务导向，右边是人际关系导向；纵轴上边是外向，下边是内向。每一个人根

外向

┌─────────────────────────────────┐
│ 支配型（Dominance）　　影响型（Influence）│
│ 指挥者，追求权力　　　　社交者，追求舞台│
│ 在乎：What　　　　　　　在乎：Who│
关注事 ←───────────────────────────→ 关注人
│ 服从型（Compliance）　　稳健型（Steadiness）│
│ 思考者，追求真相　　　　协调者，追求稳定│
│ 在乎：Why　　　　　　　在乎：How│
└─────────────────────────────────┘

内向

据自己的偏向都可以归类到四个象限中的一个，分别是支配型、影响型、服从型和稳健型。大多数人会同时具备两种以上类型的特征，只是倾向有差异。我就是支配型和影响型，以支配型为主导个性。

利用 DISC 模型，你可以轻而易举地根据自己的性格特点将自己归到具体的性格类型中，找到符合自己特点的工作和处理事情的方式。例如，高支配型和影响型的人，往往追求权力，擅长控制，善于社交和影响他人，那么公开演讲、与人打交道、需要高效完成任务的管理工作就很适合这类人群。高稳健型人群追求稳定，擅长协调。这类人的优点是不会鲁莽行事，可靠，和他人合作时能够展现极大的配合度，能够支持他人，那么需要支持他人和富有耐心的工作就很适合这类人群。不同类型的特质没有优劣之分。

首先，你应该了解自己属于什么类型，并发挥自身优势，从事能够最大化发挥优势的工作，淋漓尽致地发挥自身价值。

发挥优势能让你更加自信，也能让你更容易获得成功。而不断获得成功是提升能量的重要方式。

其次，在通过 DISC 模型对自己有了透彻的了解后，你需要回顾一下曾经最有成就感的经历。

我记得我在大学期间，通过一年时间的深度学习和反复训练，以第一名的成绩考上了研究生。我意识到通过付出努力、克服困难而获得成功的经历会让我特别有成就感。我的优势是富有毅力，能够坚持不懈地执行任务，完成给自己定下的目标。这种特质其实是可迁移的，无论是升学考试，还是职场晋升，抑或坚持写作完成长周期的出书历程，都需要极大的毅力和克服困难的勇气。

找到自己的优势后，我们就可以在各个方面用这种优势让自己的人生闪闪发光。

再次，找到你的天赋。

回想一下哪些事情是你特别容易上手且感兴趣的。不需要特别了不起的天赋，哪怕只是一小点，它都可以让你闪闪发光。

我有个表妹，特别擅长做手工。她很细心，很有耐心，也对美有很好的品位，她用琳琅满目、别出心裁的手工制品装饰了她的卧室。每次进去，我都感到十分新鲜和温馨。她在做这些手工、装点自己房间的时候，一定充满了能量。任何女性只要愿意做个有心人，就一定可以找到自己的闪光点，让自己发光。

最后，你可以向身边信任的亲朋好友询问他们对你的评价。

要注意，你选择的人一定是自己信得过的，且他们真的非常了解你，而不是只和你有只言片语的交谈，对你只有很浅的了解。如果不是和你经常一起工作或者生活在一起，那么他们就可能无法客观全面地了解你。

比如作为一个职场女性，在工作中表现出来的形象和行为方式，可能与和朋友交往时、和伴侣交往时、和孩子交流时是不一样的。在职场中，有的时候需要表现出一定的强势、果敢和快速做决策的勇气，需擅长谈判，该拒绝时就拒绝，该加速时就加速，讲究效率和结果，高效完成任务。

但是在和朋友交往的过程中，需要慢下来，去体验当下和朋友们的闲谈，享受惬意和片刻的安宁。如果还是以工作中雷厉风行的态度和朋友相处，那可能影响和朋友之间的友谊。

在和伴侣的交往中，需要表现出更多的理解和体贴、妥协和让步。而在和子女的交往中，则需要更多的耐心、陪伴和指导。作为母亲，既需要给予子女关爱，又需要树立威信和规矩，把人生经验毫无保留地分享并给予指导，也需要以更多的耐心去陪伴子女成长。

你需要征求多方的意见，以便对自己的优势和劣势做出全面的评价。发挥自己最大的优势，同时在各个角色中保持一定的弹性和适应性，对于事业的发展和保持良好的人际关系都非常重要。

如何应对多面角色和多重挑战

我们每个人都会面临因为承担了多重角色而带来的多重挑战。职场女性面临的挑战更加艰巨。以笔者为例，我既是一个母亲、妻子、女儿，同时又是职场的管理者。

我还是一名作家，每年都要输出一定量的文字，在自己的自媒体账号上发表与职场和营销相关的内容；我还在大学兼任客座讲师；在这些日常工作之余，我还会竭尽所能地参与一些与本职工作相关的公益事业，如担任赛事评委、为全国大学生数字营销创新大赛巡回宣讲等。不仅仅要完成很多事情，还要应对各种各样的复杂关系。做事的同时也是在做人，而做人是为了更好地做事。

在关系维护上，我需要在职场中和我的上级、下级、平级维持较好的工作关系。我兼任老师，需要和大学的课程负责人、院长、课程行政人员维持融洽的关系，保持一定程度的联系。

除了这些必要的关系维护，根据实际情况，还有一些阶段性关系需要建立和维护。比如由于出版图书，我还会和出版社的编辑老师们保持良好的合作关系。我们素昧平生，但是由于某个项目或者一个共同目标，我们的职业生涯有了交集，那么当这种联系发生的时候，我会花精力去维护。我还会和营销圈的有志之士保持一定频率的交流，交换见解，在他们的帮助下完成一个又一个事业目标。在这些良好关系的维系中收获幸福人生，让我的视角变得多元丰富。

我们在不同角色之间切换需要达到难以想象的高要求。在家里要做一位耐心和温柔的母亲，勇于付出，保持良好的心态；在夫妻关系中需要和丈夫维持和谐，保鲜爱情；在职场上需要强势高效，解决复杂问题，同时具备共情能力，和同事有效协作，为企业创造价值。在不同角色的切换中，女性需要同时具备某些不同甚至完全相反的特质，这是极其困难的，像是"精神分裂"一样，一会儿成为这种人，一会儿成为性格相反的人，这是巨大的挑战，需要具备"心力"和极高的"情商"。

在这个过程中，我们要应对各种角色的不同需求和期望，我们要能在不同的角色之间灵活转换。

有研究表明，决定人生幸福的关键，不是财富、地位、名利这些我们终其一生都在追求的东西，而是拥有良好的人际关系。

下面我以跨部门协作来说明工作场合中的人际关系。

有一次，我需要跨部门协作完成一个项目计划，并做 PPT 向上级汇报，里面有部分内容需要其他部门的同事提供。于是我向跨部门同事索要相关内容，并且说明这个项目计划周末必须完成，周一要跟领导汇报。对方原本答应得好好的，说是周五下班前给我，但是下班前去问对方要时，同事又说太忙了，做 PPT 的时间被其他更重要、更紧急的事务挤占了，无法如期交付。

这时候该怎么办？周一就要跟领导汇报，总不能跟领导说是别人的问题导致这个项目无法交付了吧。这位同事没有履行诺言是事实，但站在对方的立场，这件对于我来说至关重要的事，对她来说却不一定是最重要的。由于立场的不同导致我的工作无法如期交付，我必须自己承担责任，因为我是项目的总负责人。

这样的事情其实经常发生，跨部门的沟通和协作一直是企业管理中的一大难题。通过这件事情，我总结了如下经验教训。

第一，时间上一定要给对方留有余地。比如你周一汇报，那么就不要将对方交付的时间点定为前一周的周五，否则你自己就会很被动，就算对方真的愿意为了你如期交付而周末加班，也可能会有情绪，占用非工作时间终究不是理想的解决办法。可以将交付的时间定为前一周的周三或者周四。

第二，充分了解对方的工作方式。有些人完成工作又快又好，有些人做事则不紧不慢但细致谨慎。对合作的同事有基本的了解，就能提前应对。

如果你碰上做事又快又好的同事，当然是最理想、最幸运的情况。但是针对做事比较慢的同事，我们又该如何应对？我们最好给这样的同事留足时间，提前布置任务，并且在最后期限到来前及时地进行督促。

针对这件事情，我的做法是将项目的结构和其他内容主干部分都尽可能做到完美，对于需要他人提供内容的部分，我先根据同事的思路写一页 PPT，注明更详细的计划会在稍后提供。在这一过程中我做了妥协，没有呈现最完整的计划，但是也没有什么都不做，而是采取了一个大家都感觉相对舒服的做法。

同事没有按照约定时间履行承诺，我应该主动承担责任。在未来，更加应该预见到这种可能性的存在而做好预案，比如在事前就和同事约法三章，在 PPT 里说明他是这部分内容的主要责任方，如果没有完成，那么很显然这件事情是会升级到领导那里去的，但是如果完成得好，那同样有他的功劳。这样一来，各自的责任和权利就清楚了，可以更大可能地避免类似情况的发生。

这只是工作中的一个小插曲和小片段，但折射出了团队的合作和沟通，何时该坚持，何时该变通，何时以完成工作为主，何时要尽量做到完美。

在职场上，人际关系有上下级关系、同级关系、甲乙方关系等，从另一个维度来说，就是要面对不同个性的职场人。按照前面分析的 DISC 模型，"做事的人"和"搞关系的人"之间可能会发生冲突，"做事的人"以完成"事件"本身为中心，而"搞关系的人"则以"人"为中心，他们的关注点是不一样的。如何与不同类型的人沟通是实际要解决的职场人际关系问题。这个社会对于人际协作的要求越来越高，我已经想不出还有什么工作是不需要进行人际协作的，所以巧妙处理人际关系、与人协作、拓展人脉是必须掌握并提升的能力。

除了工作关系，你还需要和伴侣、子女、父母维持和谐融洽的长久关系，这也是人生中最重要的关系。同样，可以用 DISC 模型去指导亲人之间的关系。并不是说要将每一个人的性格分析透彻，在相处中用模型指导与亲人的相处（这也太索然无味，显得没有人情味了），而是要了解每位亲人的个性特点。比如我丈夫的性格和我是截然相反的，我是 D 型，而他是 S 型，D 和 S 在模型的对角线上。在沟通时，我略微强势一些，而他比较温和，但也有起冲突的时候，比如他对于自己的观点比较坚持、固执，而我相对善于变通，在为一件事情争执不下的时候，我会率先做出妥协，利用我善于变通的优势，在别的时机换种方式去沟通，直到双方达成一致。时间久了，沟通次数多了，我们就慢慢摸到了那个大家彼此和气、不容易产生激烈冲突的开关，知道什么时候该坚持、什么时候该停止，也就掌握了和谐相处之道。

那么，在面对人际关系的挑战时，你是怎么应对的呢？

首先，我会把每一次和不同的人相处作为一次学习的机会。从不同的人身上总是可以学到不同的知识和经验，了解截然不同的思想和观点，因为每个人都有不同的见闻、个性和思维方式，这可以让你查漏补缺，学习和提升自己。不把复杂的人际关系看作挑战，而看作自我成长的机会，可以帮助女性自发地走出去，主动把握不同的交流机会，接纳不同的观点，拓宽眼界，实现自我提升。

其次，无论你需要承担哪些不同的角色，无论你的角色是什么，你面临的挑战是什么，背后其实都有共通之处，就是要学会与人高效协作、拓展人脉、塑造良好的人际关系，这是应对各种挑战的重大前提。

最后，保持灵活性和开放性，适应变化是至关重要的。你可能曾是职场上的业务能手，但成为管理人员后，你需要展示出更多的协调沟通能力和管理能力。这意味着你需要适当地调整自己，接受角色的转变，并拥抱成长，而不是死守过去、抗拒变化。

要掌握解决冲突的高阶思维

即使是和最亲密的人，冲突也在所难免。因为沟通不畅产生的更多的误会，会对亲密关系造成更大的破坏。发生冲突时，不回避、不延伸，而是根据对方的性格特点做积极有效的沟通，是解决冲突、维持亲密关系的重要法宝。

掌握解决冲突的高阶思维，是指要超越自身的立场和感受，从对方的角度和需求出发，寻找共同的目标和利益，通过沟通、协商、妥协等方式，实现双赢或多赢。这种思维要求我们在面对冲突时，不被负面情绪所左右，而是以理性、尊重、合作的态度，主动寻求解决问题的方法，增进彼此的理解和信任，提高关系的质量。

在冲突发生时，首先要分析产生冲突的原因。冲突发生的原因，有时候是对某件事情的见解不一致，有时候是立场不同，有时候是做事方式不同。上下级关系是日常工作中容易产生冲突的一种重要的关系类型。

有一次，我的一位下属起草的新闻稿里有错别字，这样的内容如果发布出去，无疑会影响企业形象。在我眼里，检查错别字是极其简单的工作，只要细致认真就可以避免错误。

由于当时我在其他工作上也遇到了困难，两件事情叠加，我在那一刻产生了过激情绪，严厉地训斥了她几句。她很是委屈，不理解我为什么要揪着这样一个小错误不放，而看不到她在同一时间高效完成了那么多工作。

后来我反思这件事情。其一，一开始我并没有对她提出明确的要求，比如不能有错别字，提交上来的内容必须反复仔细检查。因为没有明确传达要求，导致对方在工作中忽略了一些细节。其二，对于她出色完成的其他工作，我要给予鼓励和表扬，在训斥前先要表扬她做得好的地方，再严厉指出她犯错误的地方，并明确提出下一次不能犯类似错误的要求。这样，下属既能感受到上司的鼓励和认可，工作动力不受影响，同时也能认识到自己的错误并加以改正。

职场上想要获得晋升，首先要具备与人合作的能力和激励他人的能力，即通过与人有效协作，激发他人优势和潜力，并结合自身优势共同完成一个目标的能力。当你不断刻意地去训练这种能力的时候，你会发现通过有效的管理提升了团队的整体战斗力和凝聚力，达到了更高一层的目标。

在职场上，与人协作的能力并不仅仅是跟人打交道、建立良好同事关系的能力，其核心在于解决问题、完成任务。

在这个过程中，你可能会和其他同事发生冲突，因为在一件或多件事情上观点不同而争执不下，这时双方还可能因为这种争执而都不开心，但这不能说是你协作能力差。相反，如果你能够有效地化解这种冲突，最后让问题得以顺利解决，那你就具备了优秀的与人协作的能力。能够让冲突发生以暴露问题可以是好事，只要在冲突过后双方能够平心静气、妥善地处理后续问题，那冲突就起到了正面作用。如果大家都不发生冲突，表面上关系良好，但是问题得不到解决，那也谈不上具备与人协作的能力。

有一次，我和客户服务部门的负责人 R 女士就一件事情产生了争论。我作为市场部门的负责人，负责数字化客户关系管理工具 Sales force 的推广工作。市场部门产生的销售线索需要通过数字化工具自动分派到其他部门，而客户服务部门的职工则是这些数字化工具的用户，他们负责对市场部门产生的销售线索进行电话跟进和派发，一旦客户有意向进一步了解我们的产品，那么他们就要进一步将这些销售线索派发给各个业务销售部门的同事。

在这个项目的前期，IT 部门来询问进展情况：市场部门的销售线索有没有分派给销售，以及销售有没有按时跟进并且给予情况反馈。

我在邮件中回复目前销售大概率没有跟进这些市场部提交的线索，因为我们在 Sales force 中看不到销售的跟进情况。我想请客户服务部负责人 R 女士确认一下。

R 女士当时出于不得罪销售部门的考虑，选择了模棱两可的回答——有些销售线索销售会跟进，而有些不会。

但是从她每个月提交给我的报告来看，有一些指标，比如 SQL（Sales Qualified Leads，销售合格的线索）连续几个月为零。

我当时没有当着所有人的面指出她这个问题，而是私下里给她打电话，表示 SQL 这项关键指标为零，可能由多种原因导致：例如销售对你派发过去的线索根本没有跟进，或者他们只跟进了部分线索。我们不知道是不是所有线索都跟进了，但是至少他们没有将跟进的情况反馈给你，无论哪种情况，这都是不可取的。只有将业务的 Sales force 系统和我们集团的系统打通，我们才可以真正做到信息的透明化，才能向上级如实地反映情况，督促销售改进问题。总而言之，不要怕暴露问题，只有暴露问题，才能从根本上解决问题。

后来她似乎听从了我的建议，马上跟进了一封邮件，说明目前的实际情况和存在的问题。而她的这个举措也让 IT 部门了解到实情，得以顺利推进项目。我们在后来的合作中建立了良好的工作关系。

这件事情告诉我：第一，在解决冲突的时候你要学会给对方台阶下，对方不愿意说出真相也许有不得已的苦衷，你要充分理解。第二，向他清楚地阐明立场，帮助他分析问题、厘清思路，这对彼此都大有裨益，毕竟大家最终都是想把项目顺利推进下去。在想共同完成项目这个共识的基础上，只要方法运用得当，问题是可以解决的。

解决冲突其实是一种高阶思维，需要运用逻辑思维和批判性思维来和同事达成妥协，同时加入创造性思维让冲突的解决变得更加高效。当冲突发生时，人会本能地产生能量的消耗，正常人都会为之焦虑、彷徨，但当你保持理性冷静，运用逻辑思维、批判性思维和创造性思维将冲突解决的时候，你的能量值会成倍上升。上面我的两个亲身经历的案例证明：当错误已经发生的时候，情绪失控、大发雷霆毫无益处，更重要的是阻止负面效应进一步扩散；当错误不可避免地产生消极影响的时候，要尽可能控制消极影响的范围。

我的一位外企高管朋友说："一个项目，90%的时间都用来达成一致，剩下10%的时间才是执行。"也就是说，90%的时间都用来反复沟通。这看似是一句玩笑话，但也在某种程度上反映了职场现实。职级越高，沟通时间就越多，而执行时间则越少。沟通能力将直接影响你的升职速度。沟通能力反映的是一个人职场经历的厚度、格局以及胆识，反映的是你是否愿意与大家一起分享成果、承担责任、共享利益。如果凡事只为自己考虑，而忽略了别人的利益，那么沟通是不可能顺畅的。

在大型企业内部，一个项目通常需要多个部门参与，而每个部门的同事其文化、背景、认知、立场、看问题的角度、做事方式都是截然不同的，外企还涉及跨地区、跨时差、跨文化的沟通，这都将增加沟通的复杂性。

所以我们需要培养良好的沟通能力，同时将大量的时间花在沟通上。作为项目领导者更加需要反复阐述项目目标、策略，寻求反馈，修正策略，直至达成一致，最后才是达成共识之后的实施和执行。

这种沟通能力绝不仅仅是语言能力，更是思维能力、逻辑分析能力、共情能力、表达能力等各项综合素质的体现。

解决冲突的能力意味着我们可以多角度地理解这个世界、理解他人，从而具备了合作共赢的基础。世界上很多东西都是复杂无序、不可预测的，比如商业、事业、家庭、投资、人生，这些都具有极大的偶然性。我们也不能以单一的角度去理解这个世界，否则就会陷入自己的"信息茧房"。带有偏见常常会使我们陷入误区，犯下错误，看不清楚真相。

菲茨杰拉德曾经说过，第一流智慧的体现，是同时持有两种截然相反的观点，还能正常行事。愿意保持开放的心态，虚心接受别人的不同意见甚至批评，不断完善自身的人，是拥有一流智慧的人。

逆袭之路：人生由我掌控

　　我出生在江南水乡的一个农村，并在那里长大。在那个年代，很多父母让家里的女孩子上完初中就出来工作，供养一家人。庆幸的是我父母并没有如此，他们认为女孩应该和男孩一样接受教育，因为他们相信女孩也可以很优秀，长大后同样可以为社会做贡献。在那个年代的农村，他们能够做到这一点，已经显示出非凡的见识和远见。

　　父亲是一个三线城市交通运输公司的普通职员，从小对我要求严格，凡事精益求精，细致谨慎，性格较为保守。他在学习上时刻督促我追求进步，帮助我养成了追求优秀、习惯于做更好的自己的优良品质。从他身上，我学到了凡事要对自己严格要求，学习不能有一点松懈和马虎，天道酬勤，天底下从来没有不劳而获的事情。

母亲是一位优秀的小学教师，她性格外向开朗，与人为善，工作努力且善于结交朋友，对教学充满激情且善于变通，在教学方法上追求创新，别的老师搞不定的问题学生她总是有办法快速搞定。无论她教的班级学生一开始基础有多差，她总是能逆风翻盘，让这些学生的成绩得到显著提升。让学生们头疼的英语单词，她总是有办法让他们快速掌握，并产生学习兴趣。她曾经跟我分享她的教学心得：教学过程也需要不断创新，不能一成不变，老师不能一味地对学生好，而是要让他们对你又爱又怕。对所有同学，不管成绩好的还是不好的，都要力求做到一视同仁。

因为母亲真正关心她的学生，始终保持公平公正的态度，所以学生们都很爱她；同时因为她教学时很严厉，所以学生们又很怕她。这些学生长大后，无不感激我母亲当年在他们成长过程中所起到的正面作用。

从母亲身上，我看到了她对于自己所从事的事业的激情。一位人民教师只有真正爱自己的学生，只有对自己的教学工作充满激情，才有可能将教书育人这件事情做好。同时她一直在教学方法上下功夫，创新教学方法的专业精神也让我深有感触。

我写这本书的时候，奶奶已经去世很多年，但是她留给我的影响却终生不可磨灭。现在每每想起她，我的心中都充满了思念和遗憾。她是真正将所有爱无条件给予我的人，她可以容忍我的坏脾气，在我远赴上海求学之前给予我无微不至的照顾和关爱。她记得我的爱好，并给予支持。她任劳任怨，无私地付出，让我的学习没有后顾之忧。

我充分汲取家人身上的优秀特质，勤奋学习，踏实工作，认真生活，一路逆袭。

从小学到高中，我都在镇上的学校读书，所在的普通高中考上985大学的概率极低，一个年级能有一个考上就算幸运。在这样的情况下，我凭借运气和努力考上了上海的一所二本学校。这个学校在江苏的录取分数线其实每年都是超过一本线的，但是爸爸花了三天时间，研究了上海的大学每年在江苏的录取情况，最终帮我填报了这个学校的志愿。

填报志愿时，所有的老师都说以我的高考成绩是不可能考上这所学校的，让我改志愿。爸爸说，无论别人如何劝你，你都不要改，要坚持自己的选择。

令人惊异的事情发生了，我以不到一本线的成绩被这所上海的大学录取了。那一年，所有的上海高校在江苏的录取分数线都比往年低，比如某校往年在江苏的录取分数是远超一本线的，但是那一年，你只要考到550分以上，且填报了该校，就可以被录取。

爸爸出奇制胜的志愿填报直接将我送进了上海高校的大门，这才有了我后面所有的奋斗的基础。

这件事给我几点启示：第一，无论状况如何，即使处于不利环境中，也仍然有机会，你要做的是把握机会。第二，事情的发展是有客观规律的，能够掌握客观规律的人往往具有极强的洞察力，把握住客观规律就有了改变现状的可能性。第三，真理往往掌握在少数人手中，在大多数人心中正确的选择，未必是正确的，一旦你决定了走少数人走的路，就要坚持到底，心中要有坚定的信念。

虽然我的本科并非985、211大学，而是上海一所普通的二本学校，职场上曾传言顶级的世界500强企业不招聘本科学历非985、211的求职者，但我打破了这一魔咒，最终凭借自己的努力成功进入世界500强企业，担任营销管理者。与此同时，我还身兼数职，既是营销领域的专家和营销赛事评委，又是多本图书的作者，还是知名大学的客座讲师。

人生就像一场牌局，厉害的高手可以将一手烂牌打好，而有些人则会将一手好牌打烂。想要将牌打好就必须付出努力，同时也需要那么一点点运气，幸运总是青睐那些努力工作的人。

每个人的人生就像打怪升级，这一路会遇到各种妖魔鬼怪，但你不能被它们打倒。真正的领导者大多不是天生的，我们不能否认天赋带来的天然优势，但我们想活出什么样的人生更多是由后天造就、由自己决定的。

我曾经在前一家公司遇到一些工作上的挑战，我所领导的数字化营销转型项目推进到一半时，推进不下去了。后来我仔细分析原因，认为大家还没有就这一项目达成一致意见，没有建立起应该进行数字化营销转型的认知，而依赖于传统的商业模式。通常在遇到困难的时候，很多人的第一反应是我怎么又这么倒霉，碰上这样棘手的项目，开始抱怨指责，不愿做出改变。而我把它当成一次自我成长的绝佳机会。

我之前没有从 0 到 1 为一家传统工业跨国公司建立数字化营销体系的经历，我心想何不借这个机会去尝试一下这个项目以积累经验呢？失败了又如何？企业提供了这么好的平台，上有领导的资源和预算支持，下有团队的支持，这样的机会恐怕百年难得一遇吧。纵使项目执行过程中遇到诸多挑战，那不正好是锻炼自己的机会吗？这样一来，摆正心态，遇到再大的困难我也不会想着退缩和唉声叹气了。

在项目开展之初，我先和销售团队的相关同事以及经销商合作伙伴沟通了这个项目的目标、背景和计划，目的是让他们充分了解这个项目并愿意提供销售方面的支持。

在这家企业的业务中，经销商带动的销售收入占整个事业部业务销售收入的 80% 以上，因此他们的支持至关重要，直接决定项目的成败。我先从江苏省的几家核心经销商合作伙伴开始切入。首先，他们都地处沿海发达地区，思想更加开放，愿意拥抱新的合作方式；其次，这些精挑细选的经销商和企业的合作时间很长，已经和企业的管理层建立了信任关系，有着良好的合作基础。所以虽然一开始因为缺乏实际结果的证明，导致这个数字化创新项目的推进很艰难，但功夫不负有心人，在我的积极沟通和推进下，这些经销商还是带着半信半疑的态度慢慢接受这个项目，选择与我合作。

随着项目的开展，通过数字化营销的一系列有力举措，参与这个项目的经销商看到了实打实的好处：销售线索帮助他们节省了获客成本，提升了获客效率，缩短了客户转化的周期，有力地推动了他们的业绩增长。越来越多来自全国各地的经销商开始主动找我，要求加入该项目。一年后，我成功地获得了全国20家经销商的支持，也凭借该项目做出了不错的成绩，帮助企业建立了在行业内通过数字化营销创新企业商业模式的标杆项目。

试想一下，如果我当时因为面对不确定的因素，害怕遇到巨大困难而选择了退缩，拒绝接手这个项目，那么一时的舒适对长期的事业发展来说将是重大损失，因为这意味着错失了一次自我成长和锻炼的机会。除了从项目中获得经验，我还因此结识了来自世界各地的优秀管理者。通过与他们的深度合作，我近距离地学习了他们的工作方法和领导能力，他们积极乐观的工作态度、卓有成效的管理方式和谦虚务实的优秀品格，这不仅让我的工作能力得到提升，也给我的人生留下了宝贵回忆。

Open AI 的 CEO 萨姆·奥尔特曼（Sam Altman）在2023年底发布了他的年终总结，共17条，涵盖团队建设、激励机制、资源管理等方面。在团队建设这块，有一条让我印象最深刻，极大地引起了我的共鸣，那便是：与优秀的人一起工作，是生活中最美好的部分。

在职业的选择和发展过程中，你可能会因为各种主观和客观的原因而更换发展的平台，从这家公司跳槽到其他公司，可能没有哪家企业或者单位会成为你终身的职业选择。从为企业打工到自己创业，从商界跨越到教育界，一切皆有可能。

但那些在你的职业旅程中曾经陪伴你一同走过的优秀人才会成为你珍贵的人生记忆和宝贵财富，并对你未来工作方式的形成以及品格、思维的塑造等方面产生重要影响。选择什么样的企业实际上也是选择与什么样的人一起共事，在职业选择中我们不能太看重短期物质利益和工作的舒适度，而是要将筛选什么类型的企业和同事放在各项考虑因素的前面。与优秀的人才共事，不仅让你快速成长，还能在你的生命历程中留下不可磨灭的珍贵回忆。

我曾经遇到一位企业的领导者这样对下属说：你就是大公司的一颗螺丝钉，别想着做什么惊天动地的事情，每个人发挥的作用都极其有限。在大企业里面，没有人是不可或缺的，企业少了你一样可以运转，你随时可以被其他人取代。他这么说无非是在传达：你无法通过努力获得你想要的，你只能坐等公司的处置，公司领导对你的前途完全有掌控权，你也只能被限制在一定的范围内做事。

实际上，他说这种话的真实意图是不希望别人也拥有那样的权力和影响力，所以在职场和社交圈子中贬低"掌握命运"的重要性。这是这类领导者掌控能干的下属，施加压力要求下属维持现状的典型做法。这样的案例在今天高级职位极其有限的职场中不在少数。

某些领导打压下属的常见做法之一是限制下属的专业发展机会。比如，他们可能会故意不推荐那些有能力的下属参加重要的培训课程、会议或项目，甚至在绩效评估时对其成绩视而不见，转而攻击其弱点，对一些小错误刻意放大。这种做法会使得下属缺乏必要的成长和展示机会，甚至因为受到打击而沮丧，丧失自信，从而限制其职业发展。

另一个常见的手段是通过微观管理来削弱下属的自主性和创造力。领导者可能会过度干预下属的工作过程，事无巨细地指示和检查，剥夺下属的决策权和独立思考的空间。这不仅会让下属感到被轻视和不被信任，还会严重影响其工作积极性和创新能力。

此外，有些领导会采取不公平的绩效评估方法和晋升政策。他们可能会偏袒某些关系密切的员工，而对其他下属则设置更高的标准和更多的障碍。这种不公正对待会导致团队内部矛盾加剧，工作氛围恶化，并进一步打击那些勤奋工作的员工的士气。

通过以上这些打压手段，有的领导者不仅能在短期内维持自己的权力和地位，还能有效地遏制潜在竞争对手的出现。但从长远来看，这种做法会阻碍整个团队的发展，甚至影响公司的整体绩效和创新能力。因此，应该摒弃这种打压行为，以公平和支持的态度对待每一位下属，激励他们发挥最大的潜力。

如果你正面临这种被打压的境地，可以尽可能地寻求更高层领导的帮助，通过更高层的领导去制衡直属上级的这种行为，同时依旧做好自己手头的工作，减少被对方批评指责的可能。实在没有办法的情况下，也可以在内部寻求转岗机会或者另谋出路，寻找其他更加适合自己的平台，但一定不要让这样的人影响自己的心情，更不要让他们打击到自己的自信。

正如 Facebook 首席运营官雪莉·桑德伯格在一次著名的演讲中所说：

"在 190 个国家的元首中，只有 9 位女性领导人。在各国议会的总人数中，13% 是女性议员。在各个公司中，女性占高管职位的比例为 15%。自 2002 年以来，这些数据几乎没有变化，甚至还有下降趋势。"

作为女性，我们似乎已经默认我们在职场上的晋升是困难的，可能性渺茫，因而习惯了逆来顺受。但我们始终要相信：你的人生由你自己掌控。相信自己有能力实现目标，不要被别人的贬低和打压所影响。别人说了都不算，没有人可以掌控你的命运，除了你自己。你也不需要在意别人对你的评价，哪怕这些评价来自位高权重的上级，你要相信，唯有自己才可以掌控灵魂和人生。

女性在职场上晋升之所以困难，是因为社会和文化因素，而不是因为女性本身的能力或素质。如果我们能够保持良好的心态，为自己设定目标，为自己争取机会，为自己寻找导师，那么我们就能够掌握自己的命运，克服各种障碍，走向职业的成功。

如果你想要掌控自己的职业生涯，可以尝试做到以下几点：

（1）为自己设定清晰的目标和计划。

你要明确自己想要从事什么样的工作，想要达到什么样的水平，有什么样的优势和劣势，需要提升什么样的技能和素质。你要制订一个可行的计划，按照步骤实施你的计划，同时也要灵活调整，适应变化。

（2）不断地学习和进步。

你不能满足于现状，要时刻保持好奇心和求知欲，不断地更新自己的知识和经验，拓宽视野，学会利用各种资源，如书籍、网络、课程、导师、同事等，来提高自己的专业能力和综合素养。你要勇于接受挑战，尝试新的领域和角色，展示自己的潜力和价值。

（3）构建良好的人际关系。

你要与上司、同事、客户、合作伙伴等建立信任和尊重的关系，积极沟通，主动参与，有效合作，互相支持。你要扩大社交网络，结识不同行业、不同背景、不同层次的人，要学会借助他人的经验、意见、建议、机会、资源等，来促进你的职业发展。

（4）坚持自己的原则和价值观。

你要对自己的工作和职业有一定的热情和责任感，以专业和正直的态度来完成你的工作，遵守道德和法律规范，尊重多样性和差异，拒绝任何形式的歧视和骚扰，捍卫自己的权益和声誉，坚持自己的梦想和志向。

你可以学会任何你想要学会的东西

　　我本科学的专业是商务英语。不同于大城市的学生，出生于20世纪80年代农村的我初一才开始接触英语，但这并不影响我对英语学习产生浓厚的兴趣。我的英语成绩优秀，且经常代表学校参加英语竞赛并获奖。大学选专业的时候，我毫不犹豫地选择了英语专业，想继续发挥自己的优势，但同时我也意识到未来的职场中综合型人才会更有竞争力，于是我在大一的时候就开始在复旦大学学习第二专业——国际经济与贸易，同时在本校也开始了高等数学微积分课程的学习。

　　高中时虽然我的数学成绩不错，但是本科阶段毕竟学的是语言，是文科类专业，因此要重新拾起数学这门学科不是件简单的事情。但是本科时我已经定下了清晰的目标，我希望研究生阶段能学习经济类专业，而数学是经济类专业的必考科目。于是我开始了大学数学和经济学相关课程的学习，为我后来考研打下了坚实的专业基础。通过一整年的刻苦学习，我最终以专业第一的成绩考入上海的一所知名"211"高校，完成了学业上的逆袭。这也成为我人生的一个高光时刻。

后来我和室友们聊天时得知，她们都来自本地顶尖的高中，而在这些同学中，我的教育背景最不突出。小时候我认为高考是终点，成长过程中才明白，高考只是一个起点，未来有无限可能。因此，我们应该始终保持积极乐观的态度，相信奇迹会出现。

永远不要给自己设限，而是按照计划，踏踏实实地完成每一步的学习，要相信你就是自己最好的老师。除了小学、初中、高中和大学阶段，我们终其一生都在自学，学习与时俱进的技能，学习专业领域的前沿知识，学习如何提升领导力。但学习也绝不仅仅是从书本上获取知识，更重要的是学以致用，从实际工作和实践中获得更深的认知。

学习也不是急功近利的，并不是以升学为目的的才是学习。我在工作了15年之后，尝试考博，因为我一直有攻读博士学位的梦想。博士学位不仅仅是最高学位的象征，博士阶段的学习也可以让人在逻辑思维能力上获得质的飞跃。

下定决心后，我制订了严密的学习计划，自学了统计学和研究方法，通过半年的复习，我以笔试第一的成绩进入了面试。可是，最终因为我无法放弃已有的工作，而学校倾向于选择全职读博的申请者，导致我这次尝试失败。但我完全不后悔为了考博而付出的所有努力。在我看来，统计学和研究方法的学习对于我自身思维的严谨性的提升是很有帮助的。每一段经历，哪怕最后结果不尽如人意，都是宝贵的人生财富。

我也看到很多已经晋升到很高职位的职场人士，仍然在不断学习。我现任企业的中国区总裁 Y 先生每年要看上百本书，光是一些著名的管理类书籍，如彼得·德鲁克的《卓有成效的管理者》，他就看了 5 遍。经典书籍总是值得反复翻阅，并运用其中的方法体系指导工作实践。

我每年都会利用业余时间读一些关于营销理论、心理学以及人物传记方面的书，学习成功人士的经验。我还订阅了几份关于市场营销的期刊，如《哈佛商业评论》和《国际品牌观察》。我每天都阅读它们，并记下要点和自己的见解。我相信阅读可以增长我的知识，开阔我的视野，并为未来的市场营销机会做好准备。

阅读和学习也帮助我缓解了工作压力，给我带来了成就感和享受感，激励我继续努力。世界上最成功的投资者之一沃伦·巴菲特说，他一天中大约80%的时间都在阅读，阅读是他成功的关键。他还说："学得越多，赚得越多。"

学习打开了我的思想和心灵，给了我希望和信心。我确信学习不仅是一种爱好，也是一种终身的习惯，可以让我成为一个更好的营销人员和更好的人。

勇于灵活变通，起点没那么重要

我研究生刚毕业的时候，正好遇上 2008 年国际金融危机。那时候的就业市场非常不景气，我就读的学校虽然是一所一流的"211"高校，历年就业率都很高，但当年的就业率据说只有 30%，情况很不理想。

虽然我之前为自己明确了求职目标，就业方向定位为大企业的市场营销方面的工作，我的毕业论文也是关于市场营销方面的研究，但是我发现在 2008 年底找工作的时候，几乎所有的世界知名企业都取消了招聘应届毕业生的计划。在这种情况下，找工作屡屡受挫，真的很让人沮丧。但我没有气馁，接受现实，降低就业的期待值，找了一份起薪较低、在乙方营销服务公司从事客户服务的工作，也就是广告行业中的 AE（客户执行，Account Executive）。众所周知，AE 在营销广告圈是非常辛苦的基层职位，既要策划活动，在极其紧张的项目限期内协同广告公司的创意、制作等部门完成客户的要求，又要将细节工作做到极致，高质量地完成每一次的会议纪要，并监控项目进程，把控创意质量。在要求快速交货的客户和"很有个性"的创意部门之间左右为难是家常便饭。AE 虽然是广告公司的基层职位，但需要具有良好的沟通能力，有处理各种琐事的耐心，同时又有一定的策略规划能力，能高效执行工作，能承受较大的压力。那段时间我异常辛苦，压力极大。

我曾经在一家头部广告公司服务一家大型汽车客户，有一次需要出差去厦门支持他们一年一度的经销商动员大会。我当时的工作就是协助我们的部门总监完成甲方企业的亚太区首席执行官、市场销售副总裁以及市场总监在动员大会上的发言 PPT，任务艰巨且要求高。

当时我连续忙了一周，每天只有 2—3 小时的睡眠时间，白天查阅各种资料，起草 PPT，晚上和甲方企业领导一起讨论，在他们提出改进建议后，通宵改稿，最终不负所托，圆满完成了任务，且让公司的管理层看到了我的态度和能力。

在工作中我保持高能量的方法就是进行积极的心理建设，暗示自己这些苦不会白吃，工作不会白做。在和这些企业领导一起工作的过程中，我学到了战略性思维，得到了快速成长。

这段经历也让我学会如何在紧急的情况下，即使身体很疲劳也能维持精力和效率。虽然长期熬夜不利于健康，应该避免，但当项目真的紧张的时候，你需要有保持旺盛精力和良好工作状态的能力，这样才能将工作做好。

我很感激那段经历，它让我从最基础的小事做起，明白起点低并不意味着什么，关键是要在低谷中保持信心，练好基本功。我带领团队在一年内完成了两个营销预算高达几千万元的项目，得到了快速晋升和客户的信赖。我用了两年时间从 AE 升到 AM（客户经理），又用了两年时间从 AM 升到 AD（客户总监），这已经是广告公司非常快的晋升速度了。我之所以能够做到，一方面是因为我找到了适合自己，并且乐于投入精力的工作；另一方面是因为扎实的基本功和抗压能力的训练让我一生受益。

当初毕业时有一些同学去了大公司做甲方的市场营销，还有一些同学去了世界著名的投行工作。相比之下，我的工资待遇和平台都不算好，但是凭借扎实的基本功和在乙方公司的四年工作经历，我终于有机会进入甲方大型车企工作。在乙方工作的经历让我知道如何更好地与乙方合作，如何更有效地管理供应商以及把控项目质量。

人生的每一段经历都是财富，这段经历让我深刻地意识到一个道理：在短期内看上去对自己不利的选择，长期来看可能会是正确的选择。

人生的道路并不都是平坦的，当人生道路变得崎岖的时候，要学会坚持。即使你一开始走的路看起来不太理想，走下去，你会发现路况越来越好，而一开始的坎坷也最终会为你未来的成功铺平道路。当然，当一条路实在行不通的时候，我们也要学会变通，不要让这条行不通的路一直耗费你的精力，换一个方向会是聪明的选择。

就我自身经历而言，刚毕业的时候，我做的广告执行这份工作虽然很辛苦，但是也收获了很多。我通过与客户的沟通和项目的执行，学习了很多市场营销的知识和技能，也锻炼了自己的抗压能力和团队协作能力。我还参与了一些重要的营销活动，见证了市场策略的制定和实施，感受到了广告行业的魅力和创造力。我认为这些经历都对我之后的职业发展有很大的帮助，让我更加坚定了从事市场营销工作的决心。

这就是我想说的，条条大路通罗马，只要你有目标、有热情、有毅力，总会找到适合自己的道路，实现自己的梦想。

第二章

专注目标，制定战略

女性要明确人生目标

　　我入职的第一家公司是法国的一家广告公司，战略部门的副总裁说我精力充沛。当时年轻的我并不明白精力充沛有多么重要，后来才发现这是高管必备的素质。

　　我曾在一家德资企业认识了一位市场营销副总裁。他是法国人，第一次来上海出差，我全程陪同，和广告公司开项目复盘和计划会议，走访经销商和电子商务合作伙伴。临走时，他对我说："我觉得你非常有活力。"

　　有人问我："你为什么总是看起来精力旺盛，这是不是你的天赋？"我说："这不是我的天赋，而是我明确地知道自己在做什么，也知道把能量用在哪里。"作为领导者，我想利用我对营销的热情和优势，提供有效的建议，帮助企业通过营销打破增长瓶颈；同时，帮助营销行业的从业人员提高数字营销和创新营销的技能，实现个人的进步和发展。我想一方面给企业带来增长的助力，另一方面培养人才，让更多有兴趣做营销的人加入这个充满活力的行业，获得职场成就。这是多么有意义的事情啊！一想到我设定的职业发展目标，我对工作就充满了激情。

就像企业需要为长远的发展设定引领性的愿景一样，我们作为社会上的独立个体也需要确定自己的人生目标，对自己的未来负责。

一个重要的人生目标可以分解为多个不同阶段的小目标，我身边有很多朋友每年都会给自己定一个新的目标，这个目标遵循SMART 原则，即具体（Specific）、可衡量（Measurable）、可达成（Attainable）、相关（Relevant）和有时限（Time-bound）。比如"我要减肥"这样的目标就不够具体，更好的方式是这样定目标：在半年之内减掉五斤。这个目标清晰明确，结果是可以量化的，也是合理可行的。

要实现我们的人生目标，就需要设定一系列符合 SMART 原则的小目标。没有目标的指导，我们的人生就像没有舵手的轮船，随波逐流，无法到达成功的彼岸。

目标是制订计划和策略的前提，如果没有明确的目标，没有正确的方向，那么你的努力只是在一个错误的方向上不断浪费时间。

我的女儿上二年级时，有一天对我说："妈妈，你教我怎么才能得到十颗星。"她的想法是如果她得到了十颗星，我就会帮她实现一个愿望。我告诉她，做家务能得到两颗星，读半小时语文课外书并复述故事内容能得到两颗星，背诵和默写《新概念英语》能得到两颗星，锻炼半小时身体能得到两颗星，练习一小时小提琴能得到两颗星……为了这个有挑战性又能达成的目标，她真的从周末抽出一整天时间去完成每一件可以让她赚到星星的事情，并且乐此不疲。由此，可以看出设立目标和激励的重要性。

你可以思考一下你的职业发展愿景和使命，并用它们来制订具体的目标。这个问题是值得你花时间去深入探索的，可以让你从一个更高的视角去思考自己想成为什么样的人。如果你没有一个高层次的愿景和使命，那么当你的工作让你感到疲劳和无意义时，你可能会失去对工作的热情和动力，觉得自己平庸无能，这时你的能量就会流失。而如果你有一个更高层次的愿景，那么不管你多忙多苦，你的工作都是为你的愿景服务的，你自然会感受到不同的能量。

设定长期的愿景和使命是很重要的，但也要设定短期目标，因为这样可以让你的愿景和使命变得更具体、更现实。目标可以有很多方面，比如生活和职业方面的目标、形象管理的目标。如果你没有达到你的目标，也不要太过沮丧和急躁，自我评估一下，做一些选择，并调整目标，关键是要让目标可实现，这样可以给你带来阶段性的动力，促进你去完成更高更难的目标。

女性要保持好奇心

　　我的一位女性朋友 Z，她在结婚后就辞去了自己喜欢的金融行业的工作，成为全职太太，每天忙于照顾家庭。现在，孩子已经长大了，她想重新进入职场却很难，因为她已经离开工作岗位太久了。不要说工作赚钱，她就连曾经热爱的舞蹈也因为照顾家庭而不再跳了。这不禁令人替她感到惋惜。

　　在中国，有很多女性为了家庭牺牲了自己的兴趣和事业，尤其是当了母亲后，她们大部分的精力都用来培养孩子，也因此失去了事业和兴趣带来的社交圈。

　　而当女性将所有的精力都用于照顾家庭，每天围着老公和孩子团团转的时候，她们对维持自己的兴趣以及探索人生其他可能性的好奇心也可能会消失。

我认为好奇心是女性保持年轻心态、争取自我成长的最重要的因素。

我于 2019 年底创办了自己的公众号"Jade 大话数字营销"，2021 年初，电子工业出版社的编辑老师向我提出写书的邀请，我没有过多考虑就同意了。我不在乎自己是否能够完成一本书，当时只是出于好奇心，我想尝试一些新的事情，我想看看自己有多大潜力，能不能做到。我的性格就是这样，无论多大的困难和不确定性摆在我面前，我不会轻易说出"不"字，我也不会一上来未经过尝试就否定做成的可能性。我会先去尝试，先去努力一下，哪怕失败，也不后悔，但是不尝试一定会后悔。

我的第一本书出版后，很多人对我出书的过程感到好奇，问我有没有遇到什么难题，他们也想尝试出书。如果不是非常感兴趣，要决定出一本书并不容易，因为签了出版合同就意味着要承担责任，要按时把质量合格的稿件交给出版社。合同体现了作者的承诺。

爱因斯坦曾经说过："我没有特殊的才能，我只是有强烈的好奇心。"这句话让我们深刻地意识到好奇心是激发活力、驱动自我进步和事业发展的动力，没有好奇心，人就会陷入低欲求、知识局限、思维狭隘、低效能的状态。

好奇心不仅表现在事业心上，还表现为一种永不停歇的探索精神。

要注意，好奇心并不是八卦，不是那些日常的张家长李家短，你应该关注的不是别人，而是自己，关注自己今天有什么突破，学到了什么新的知识。聪明的女人从来不会好奇别人怎么样，别人家是否幸福，而只关注自身是否得到了成长，哪些方面还需要不断完善。

我们都有过充满好奇心的童年。小时候遇到什么都想问为什么，但长大后问为什么的能力反而下降了，我们甚至会觉得小时候问的为什么毫无实际用处。我们在成长过程中总是遵循一些惯例，形成了思维定式，这限制了想象力，也降低了探索能力。

而好奇心能让我们保持开放的心态，主动去发现新事物，同时也能拓宽思路和视野。好奇心让我们遇到什么事情都想去尝试一下，遇到不同领域的人才都想和他们沟通交流。

让我感到兴奋的是，和我交流的人可能来自不同的领域。比如我从事营销工作，但是我可能要和对我们产品感兴趣的政府官员、经销商或人工智能创业者沟通。他们不是营销专家，我也不是工业和人工智能的行家，但是我仔细听取他们的专业看法和建议，及时回应，并在一些方面达成共识，甚至发现和他们有相似的经历，这让我觉得很美好。你也可以向这些来自其他领域的优秀人才学习，从中获得灵感和启发。

通过训练提升专注力

很多优秀的作家、艺术家、运动员在工作的时候能够专心致志，全身心地投入自己的世界中，这也是他们能够创造出优秀作品、不断取得惊人成就的重要原因。

职场中有一个词叫 Multi-tasking（多任务处理），意思是同一时期要做好几件事情。在职场中，往往要面临工作事项多且杂、工作量大的情况，多任务处理似乎是不可避免的。但是这对于提高工作效率是有害的，如果要把一件需要深度思考的事情做好，比如写策略、梳理一件复杂事情的来龙去脉，你需要非常专注才能做好，而多任务处理显然无法让你对某一件事情进行深度思考。一些简单工作的多任务处理或许还可以应付，比如你一边接听一个不太重要的电话一边泡一杯咖啡，或是一边阅读一篇财经报道一边回复好友的微信，这些都可以并行处理。但要记住，处理重要且复杂的工作，必须全神贯注。

做父母的都知道，培养孩子的专注力是一件很重要的事情。有了专注力，孩子在学习上也会表现得不错。一般来说，培养专注力要从小做起，但从什么时候开始都不晚。

我丈夫曾问我是怎么做到这么专注的，他说他很难做到这一点，一件事总是要分成几部分才能完成，没办法一次搞定。

你是不是也有类似的问题？明明给自己制定了今天要写完2000字的任务，却因为一条短信、一个电话、帮孩子复习功课等事情而屡屡分心，无法将精力集中在单一重要目标上，最后没能按时完成任务。

关于提高专注力，我总结了以下几种方法。

第一，找到一个安静的工作环境。

居家办公在外企很常见，我有位好朋友是一家高科技外企的市场经理，疫情防控期间，她都是居家办公。公司提倡自由、灵活的工作文化，员工可以根据自己的喜好选择工作时间和场所。

但我认为在家办公对于专注力是绝无益处的，大部分人的工作效率都会被居家环境影响，以至于无法完全专注工作。

即使是非常专注、习惯于高效工作的人，也不可避免会受到非正式工作环境（比如居家环境、不安静环境）的影响，这是客观条件的限制。

如果需要完成重要且要求深度思考的工作，比如写作，就算不能获得像公司那样的正式工作环境，你也可以去家附近的书店等场所，找一个安静的地方让自己沉下心做事，这样就可以很高效专注地进行工作。

第二，坚持有氧运动。

有规律地做运动可以有效地提高专注力。半年前我每天早晨6点开始做瑜伽，差不多每天坚持一小时，通过一段时间的练习，我明显感觉专注力变强了。瑜伽等运动能让你更好地专注于自己的身体和呼吸，平衡气息，觉察你身体和情绪的变化，给自己冥想和放松的时间，从而更加镇定地思考问题。

在运动的时候就不要想工作，只关注运动本身和运动对身体的影响，适应运动的难度和节奏，并进行调整。

第三，专注做一件事情前必须休息好。

专注力的前提是良好的身体状况，如果缺乏休息，强制自己集中注意力几乎是徒劳的，因为客观的身体条件限制了你。所以只有当你身体健康、睡眠充足、精力充沛时，才能产生良好的专注力。如果有一天你没有休息好，头脑也不是很清醒，那么就不要硬逼自己一定要专注，否则你会感到很失落，反而会对自己的专注能力产生怀疑。事实上，任何人都可以通过训练提高专注力，关键是你要对自己严格一些，养成良好的作息习惯。如果你前一天刷抖音刷到凌晨3点才睡觉，第二天起来很累，无法专注工作，那么很明显，就是你自己的作息问题导致了专注力下降。

第四，每天花1—2小时训练自己的专注力。

每个人专注力最强、适合深度思考的时间都不一样。有些人喜欢在早上工作，比如我自己；有些人喜欢在晚上工作，比如我的一个朋友。她创办了一家咨询公司，需要为企业提供有价值的策略建议。她必须在安静的夜晚让自己保持高度专注来思考问题，搭建框架，用各种数据和调查报告支撑她的论点。

你需要找到自己最适合进行深度思考的时间段，然后每天安排1—2小时在那个时间段里专心地练习专注力。具体怎么练习呢？

提升专注力，先要保证你不受电脑或者手机的干扰。然后选择一天中最紧急、最重要、最困难的问题，用这1—2小时专门思考解决办法，即使没有完全搞定也没关系，你的目标是训练专注力。但你必须确保这段时间内不被任何人或任何事打扰，无论电话还是微信消息都不要理会。

如果每天没有那么多难题要处理怎么办？那也可以阅读或写作。你可以选一本你感兴趣的书，专心地读，读完后和你周围的人分享读书体会；你也可以开始写作或写日记，集中精力把你的想法写出来。

按照以上几个步骤坚持练习一段时间，你的专注力一定会有所提升，并对你的工作和生活产生积极的影响，让你受益一生。

谦虚谨慎，极致严谨

在职场中，保持谦虚的态度和严谨的处事方法非常重要。凡事三思而后行，细心观察，别急着开口。

我之前遇到过一位上司 A，她最大的优点是做事严谨，待人接物十分谦虚随和，她对我的影响非常大。她以实际行动告诉我，极其认真谨慎地对待工作有多么重要。从无到有，从有到优，从优到卓，对工作始终保持高标准、高效率、高质量，不仅帮助我成为更好的自己，也使我成为他人的表率、更好的领导者。

她写报告时，会搜集资料，分析数据，规划思路，安排结构，撰写草稿，修改完善，审查格式，检查语法，确认内容，送出审核，倾听意见，再次改进，直到达到最佳。

她做演讲时，会了解观众，确定主题，编排内容，制作 PPT，练习讲稿，调整语气，控制时间，检查设备，做好预案，适应场地，清晰表达，积极互动，回答问题，收集反馈，不断提高。

她办活动时，会确定目标，设计方案，分配任务，协调资源，确认细节，沟通信息，监督进展，解决问题，落实安排，执行流程，评价效果，总结经验，分享成果，感谢参与，持续改善。

大到工作计划的制订，小到一个用词、一个标点符号，工作文件的字体和字号都要反复推敲。她总是细致而犀利，看得出我工作中一些细节上的问题，并果断指出和严厉批评，不容许一丝一毫的差错，时间久了，我也养成了对待工作要更加细致和注重细节的好习惯。

如何做到极致严谨呢？这需要我们在日常生活中养成一些好的习惯。比如：

做事之前，要制订清晰的目标、明确的计划，做好合理的预期和充分的准备，避免盲目，避免出现漏洞。

做事过程中，要专注，要细致，要负责，要主动，要沟通，要反馈；避免分心，避免马虎，避免推诿，避免消极，避免误解，避免失误。

做事之后，要检查，要总结，要评估，要反思，要改进，要分享；避免遗漏，避免重复，避免停滞，避免自满，避免故步自封，避免闭门造车。

选择比努力重要 100 倍

"战略"（Strategy）这个词源于军事领域，但现在已经广泛应用于我们工作、生活的各个方面，例如营销战略、商业战略、投资并购战略等。之所以要培养战略性思维，非常重要的原因是，如果你没有正确的战略，你可能会白费力气，走在错误的道路上，最后无法实现目标，甚至犯下致命的错误导致失败。这就是我们常说的，战术上的勤奋掩盖不了战略上的懒惰。所以我们在工作、学习和生活中都需要制定正确的战略，以引导自己的人生和职业发展。

那么请思考一个基本问题，战略是什么？

这个问题有几种常见解读：

（1）战略是制定愿景，规划方向。

（2）战略是围绕目标，进行目标拆解，然后制订行动计划。

（3）战略是全盘规划和策略的实施。

或者更简单明了地说，战略就是做选择、做决策。

这里的"做选择"，不是你要吃鸡肉饭还是牛肉面，喝橙汁还是咖啡这样的简单选择。战略上的"做选择"更加复杂，需要考虑很多变量，包括各种已知和未知的可变因素及它们的相互作用和影响，你应该通盘考虑，然后做出决策。

在职业选择上，有些人毕业后进了国企；有些人不甘于现状，选择进入创业公司，希望获得更高的回报；还有一些人选择进入外企，学习先进的理念和管理方法。不论是哪种选择，都应该基于内心的喜好，而不只是看眼前的利益。这样的重要决策，需要用心思考，而不是简单地分析利弊。

不论你做出什么样的选择，你都不能把一种选择的好处和另一种选择的坏处拿来对比。我有一个朋友在研究生毕业后选择了大学教师这个职业，但是她对工作环境不满意，觉得遇到很多困难，同时也觉得薪水福利不够好。她既在大学教书，又眼红同龄人的高收入。这种心理是不正确的。既然选择了一个平台，就应该接受选择所带来的代价，任何一种选择都是有两面性的。

我们这辈子都可能经历各种失败，这是再正常不过的事情，但是有些人总是失败，然后眼红身边人的成功，并且将自己的失败归结于运气不好。

虽然说运气也是一个因素，但更重要的是战略选择。我们常说"失败是成功之母"，失败是通往成功的必由之路，因此遇到失败我们不能自暴自弃。如果老是失败，那可能是因为一开始就走错了方向，是因为战略选择错了。

女性选择什么样的职业道路和是否愿意持续学习提升自我，很大程度上影响了她下半辈子的人生成就和生活质量。

职业女性要培养战略性思维

战略性思维是职场高管的核心能力，因为他们每天都要面对各种选择和决策。他们要选择把工厂建在哪里，是越南还是中国？他们要处理一些持续亏损的事业部，是关闭还是重组？他们要决定用营运资本投资什么项目，他们要评估是否有必要收购一家利润不错的公司来保持长期增长，他们要优化公司组织……这些决策影响着企业的资源分配和发展方向，如果决策错误，后果难以想象。

在职场管理中，选拔、培养和留住人才的策略应该是一体化的。选拔员工不仅要看他们的能力和经验，还要考虑他们是否有成长潜力和积极性，以及他们的价值观和期望是否符合公司文化和愿景。选拔员工时，不能只看简历和面试成绩，还要通过多种方式评估他们的素质和适应性，例如实践操作测试、案例分析、团队协作等。

　　培养员工要根据员工的个性和需求来制订计划，不能一刀切。每个员工都有自己的优势和劣势，管理者应提供个性化的指导和反馈，帮助他们提高专业技能和领导力，发挥他们的潜能和创造力。培养员工时，不能只关注短期的绩效和结果，还要关注长期的发展和目标，为员工提供清晰的晋升路径，帮他们做好职业规划，让他们感受到成就感和归属感。

　　留住员工要重视员工的幸福感和忠诚度，不能只靠物质奖励和惩罚。每个员工都有自己的动机和理想，管理者要给予他们足够的尊重和信任，倾听他们的意见和建议，解决他们的问题和困难，让他们感受到被重视和支持。想留住员工，不能只考虑企业的利益和需要，还要考虑员工的利益和需要，为员工提供灵活的工作制度和福利政策，让他们感受到平衡和满足。

　　同样，如果女性能够像职场高管审慎决定是否关闭一个事业部或者开发一个新产品、选拔一个人才一样，用理智分析和思考自己的职业和人生规划，那么结果可能会大不相同。女性需要感性和激情，但是在面临职位晋升、事业发展这样的重大人生问题时，更需要的是理性思考和正确决策。有时候，我们可能会在深思熟虑后做出错误的决定，在一时冲动下做出正确的决断，这并不是不可能的，但这只是偶然现象。

　　有时，即使我们在决策之前做了充分的信息收集、认真的分析和周密的部署，事情仍然可能出错，但是这并不意味着战略性思维的过程有错或有缺陷。

做决策需要掌握很多技能，作为在职场上寻求发展的女性，在日常工作中要有意识地去培养这些技能，包括识别问题、分析问题、批判性思考，以及做出判断和预测后果的技能。

这些能力都可以通过日常实践来培养和提高，比如识别问题，不能只凭感觉判断一个人的品性，而要多观察细节，通过你们共同的朋友去了解他的为人和品德；分析问题需要透过现象看本质，不要被表象迷惑。

批判性思维要求我们不停地问为什么，不盲目地接受我们看到和听到的东西，而是探索其背后的原因和影响，分析事物之间的关联性。高手和普通人的区别之一，就是高手能够利用这些关联性来做出更好的判断。批判性思维也体现在对自己的反思上，不只是评估别人的观点，还要经常质疑和更新自己的观点，努力提升自己。

要想做出正确的决策，需要培养和提升战略性思维能力，这是职业女性取得职业成功的关键。

你的才华是受到"贵人"青睐的基础

　　我曾经遇到过一位英国的高管 C，他非常擅长制定商业战略。他对我的职业发展有很大的影响。当我想要离开公司的时候，他向 CEO 请求，希望能用更高的工资待遇留住我，并且他发现了我在战略规划方面的潜力，想把我安排到他领导的战略部门。不过最后由于种种原因，我还是决定去另一家公司工作。

　　我也没有刻意去吸引他的注意，只是有一次，他告诉我当时的直接领导，客户是一家法国的知名洋酒企业，新来的一个营销总监想要了解对手的营销策略，让我的直接领导提供一些相关资料。客户在威士忌、葡萄酒等领域都是行业先锋，而竞品研究在战略规划中是十分关键的步骤，只有熟悉自己和对手，才能百战不殆。

　　我刚好之前做了一份竞品的调研报告，所以当我的直接领导给我这个艰巨的任务时，我就上交了我做的 200 多页的 PPT。这位高管非常惊讶，因为我的竞品分析内容远远超过了他原本的要求。他可能只是想要一个简单的竞品研究计划，但我已经准备了很多信息和分析。我还记得他当时说了句："This is worth thousands of dollars!"他觉得这份报告很有价值。

通过这件事情，他发现了我的工作能力和才干，我的工作态度也让他印象深刻。即使我离开了公司，我们仍然保持着联系，进行一些专业方面的交流。如果我当初不够用心，没有认真地做这份报告，那么我也不可能认识这位"贵人"。

"贵人"并不只是指在职场上给你提供机会和资源的人，也是指愿意花时间教你、分享他的成功经验让你学习和成长的人。他可能没有直接帮助你升职，让你赚更多钱，但是从长远来看，他对你有所启发，对你职业的发展是有帮助的。

那么，怎样才能得到"贵人"的青睐呢？一方面，要修炼自己，提升技能与才华；另一方面，要主动把握机会展示自己。

如何得到职场导师的指导

　　我在上一家公司工作的时候，我们事业部的副总裁主动要当我的导师。他说："做导师不只是为了培养人才，导师和学生之间也可以互相学习。我认为你身上有值得我学习的东西，我可以从你身上汲取知识。我这辈子只带过七八个人，你是我们部门唯一一个。"我们每个月都有一次半小时到一小时的交流，这对我来说非常有价值。我们不光谈工作、谈项目，也谈人生规划、谈思维模式，他还安排我参加他的月度管理层会议学习业务知识。三年时间里，我最大的收获就是思维方式的提升。另外，每次和他交流，我都能感觉到满满的正能量，工作起来干劲十足。优秀而有魅力的人总是能用他的真诚和才华影响我。

　　他的教导也激发了我写第一本书的灵感。我的专长是数字化营销，他告诉我做数字化营销的目标就是要帮助企业取得业绩增长，我要始终记住这个使命，所以我第一本书就是《增长法则：巧用数字营销，突破企业困局》。也正是因为第一本书，我建立了人脉网络，拓展了资源，有了更多传播自己观点和提升自己影响力的机会。

我很清楚职场导师的重要性，因此，会主动积极地寻找适合我的导师。即使这家企业没有导师制这样的企业文化，我也会自己去寻找，而不是等着"贵人"出现。你可能会觉得这件事很难，或者不好意思向他人求助，但其实当你采取行动去寻求导师的帮助时，事情并没有你想象中那么困难。

在人生的任何阶段，都要主动把握自己的人生，而不是随波逐流。那么如何做到主动呢？就是要做符合内心的选择并积极地行动。我们不要人云亦云，只是跟着别人走，因为这样我们的人生就不是我们自己的，而是别人的了。

我会毛遂自荐，让"贵人"注意到我，然后定期和他沟通，主动提供帮助。不要担心你"打扰"了"贵人"，也不要怕被拒绝，而是要坚持不懈，最关键的是你需要给"贵人"提供价值，定期询问有哪些事情你是可以做的。

通过不断努力，你总会遇到一个愿意支持你的人。支持不是指直接赋予你物质利益或者让你获得权力上的提升，而是给你分享他的人生经验。寻找导师切忌急功近利。很多人到了一定的时期，拥有了一定的见识和阅历后，其实是很乐意帮助新人的。职场新人或者中层管理者的尊重和认可也会给他们带来心理上的满足，使他们增加工作的热情，这种互惠互利的关系其实对于企业的整体发展也是有益的。

我在工作之余还会写书，因此我会请"贵人"给我的新书作介绍和推荐，以及为我的新书写序言，这样的请求一般都不会被拒绝，因为"贵人"也觉得这是一种荣耀。

和"贵人"保持良好的关系要坚持互惠互利的原则，这样才能让有意义的关系持久地维系下去。即使你离开了这家公司或平台，也许将来你们在职业道路上还会再次相遇，这个世界很小、很神秘，总会带给你出乎意料的惊喜。

"贵人"的时间都是非常紧张的，他们每天都有很多事情要做，如果他们愿意花一些时间，毫无保留地分享自己的人生经验，那么你应该感激他们，并用努力工作来回报他们。因为他们时间宝贵，所以在每次和他们交流的时候，为了提高对话的质量，你最好提前做一些准备工作，想好要问的问题——不要问空泛的问题，要问具体的能帮助你解决实际困难的问题。比如你可以列举一些最近正在做的具体项目，项目推进中遇到了什么困难，为什么会有这些困难。这样"贵人"可以根据你的描述提供指导。由于他们位居更高的层级，而且拥有更多的内部资源，因此能找到更好的方法或者解决问题的人。

很多女性没有意识到职场导师的重要性，因此在职场上错过了很多提升自己的机会。你可能看过一些成功人士的故事，感慨他们似乎很容易就走上了成功的道路。其实他们背后有导师和投资者指引他们避开错误，走上正确的道路。

那么，作为想要获得快速成长的个人，怎么样才能得到职场导师的指导呢？

其实，我和我认识的很有经验的职场人，都很愿意帮助别人，因为我们真正理解创业者和职场新人在事业起步时所遇到的困难。我们自己也经历过这些困难，所以我们想要提供帮助。但是需要帮助的人太多，而我们不知道该把时间给谁，因为我们的时间都很紧张。每个成功人士都很忙碌，所以作为求助者，你必须先让自己成为其中的佼佼者，以便让我们注意到你。

如何让自己与众不同并脱颖而出呢？以下是一些可以尝试的事。

如果他们制作了视频、博客或其他内容，请在下面发表明智的评论，并分享他们的视频或者博客作品；尝试将他们在视频或者博客中传授的经验用到实际工作中，并留下你的好评；也可以主动出击，问问你能为他们做些什么……通过这些操作，给他们积极的反馈。

他们可能不会立即给你提供什么工作，但他们肯定会被你谦虚好学的态度感动，对你产生很好的印象。之后你每次与他们接触时，他们都会给你一点反馈。总之，你要做的就是所谓的"connecting their dots"（连接他们的点）。

乔布斯在斯坦福大学的一次演讲中提出了"connecting the dots"的概念。他认为，人们无法预知未来，但只要相信自己的直觉、命运、生活、因果报应等，就可以相信这些点会在未来某个时刻连接起来。这种信念会让人们有勇气跟随内心，即使这条路并不平坦，也会让人们与众不同。

这里的"connecting their dots"有着相似的含义。假设你这个月向他们提了一个问题，他们可能回答得很简洁。你要做的就是"以小见大"。你在他们心中留下了一个印象，然后你向他们寻求帮助，他们帮助了你。两周到一个月后，你回过头来找他们，说："瞧，我按照你的建议做了这么多事情。"他们会说："哦，太棒了，我的付出没有白费。"真正帮助到某人是一件令人开心的事情，他们也会从中感受到自己的价值。接着，你再提出另一个问题。他们再给你一个简明的答案。随后，你再次根据他们的建议做出一点成绩，回头找他们。

这样经过几次，你的表现会在他们心中形成一条不断上升的曲线，反映你依靠他们的帮助和反馈而取得的进步，而且你还会根据他们的建议不断改进和发展。如此加强联系后，你们的关系越来越密切，他们就不会只是把你当作普通的社交平台联系人，而是会把你视为优先辅导的对象。那么，你就可以向他们寻求更多帮助，约见他们进行更深入的交流，等等。

很少有请求帮助的人能做到这一点。当然，这需要坚持不懈地投入时间和精力，要多动脑筋，想出聪明的互动方式，还要坚定信念，就算被拒绝也不能气馁。正是这些努力能让你脱颖而出。

当然，如果没有办法免费获得帮助，还有一些付费方式可以选择。许多职场高手在事业的中后期选择转型做付费教练，你可以通过付费平台与这些富有经验的人士联络，并向他们咨询。他们的收费可能很高，通常是按小时计费的，但一个优秀的教练确实可以给你带来巨大的改变，帮助你取得成功。

总的来说，要获得职场导师的指导，需要做到以下几点。

第一，用出色的工作表现和态度引起他们的注意。

第二，要学会主动找到适合你、能够给你提供指导的导师。每次与导师沟通时，都要做好相关话题的准备。在辅导结束后，要进行反思和总结，并记录重点，把他对你的分享用文字记录下来。我自己的做法是在每次谈话之后就写一篇感悟文章，让他知道我认真听取了他的建议，并应用到实际的工作或生活问题中，以此作为工作和生活的指导原则。

第三，要积极为导师提供帮助，利用你的专业知识或者资源给导师创造价值，帮助他解决问题。好的师徒关系通常是共赢的。

领导看不到我的努力该怎么办

你是否曾经遇到这样的情况：公司里那些最勤奋、最有能力的员工，却常常得不到领导的赏识和提拔，而那些善于表现、会来事的人却一路高升？这种现象在职场中屡见不鲜，不禁让人产生疑问：我的努力有用吗？领导到底看重什么？

领导看不到你的努力，通常有以下几种原因。

（1）层级壁垒。

通常晋升的决定权掌握在高级领导手中，但现代企业组织架构复杂，你的努力和功劳很可能在向上汇报的过程中被淡化甚至忽略了。

（2）沟通障碍。

你可能不善言谈，事情做了很多，但是由于表达能力欠佳，导致你的成绩无法有效呈现给领导，而领导通常事务繁忙，也不会深入了解你的真实情况。

（3）结果导向。

现代企业很多都以结果和数据作为最后绩效考核的标准，由于一些客观的原因，哪怕你做了很多努力，但是因为结果或数据不好，导致价值无法量化。

（4）领导自身的问题。

有的领导可能根据自己的从业经验对员工形成固定的印象，例如，认为学历高的人就一定能力强，外向的人更适合做销售；或者仅凭某一次的工作业绩就对某个人的整体能力做出判断，缺乏客观性、全面性。有的领导容易将自身的特质投射到他人身上，比如一个保守的领导倾向于提拔那些同样保守谨慎的员工。还有的领导甚至害怕自己的地位被取代，任人唯亲，看见下属能力强就产生嫉妒心，刻意打压对方。

打破"领导看不见"的魔咒，需要领导和员工双方共同努力，做到以下几点。

（1）领导应深入一线，了解基层员工的现状，了解他们的真实想法和感受。

（2）建立多元化的评价体系。比如除了员工的绩效指标外，加入员工行为等评价要素，考察其在职场上的行为是否符合公司对优秀人才的定义；除了直属领导的评价，还要引入合作伙伴、同事以及下属的评价。

（3）培养开放的沟通氛围。鼓励员工积极反馈，发表自己的真实意见和想法，让员工有机会对上司做出客观的评价，并让高层领导知道。

（4）员工应积极提升自身能力。除了勤奋工作，还要不断提升自身的专业技能和实力。

（5）员工应积极沟通，学会用数据和事实去展现自己的工作表现，让领导看到自己的价值，主动出击，寻找高层领导担任自己的导师，寻找被看见的机会。

（6）员工应建立个人品牌，通过在公司内部积极参与项目和活动，分享经验，打造个人影响力。很多企业会组建各种组织，比如女性领导力组织、多元与包容性文化组织，通过积极参与这些组织的活动，甚至担任某个领导职务，提升自己的影响力。

学会向上管理：职场生存必备技能

在我 15 年的职场生涯里，我遇到过数位领导，大部分都是优秀的职场女性。如果你问职场中最重要的关系是什么，我认为是上下级关系。这并不是说平级关系无关紧要，而是在职场中想要生存发展得更好，那么向上管理是必备技能。

我认识一位女性，她很有才华和能力，但是她跳槽了好几次，都没有什么好的结果，因为她在任何一家企业都不能与自己的直属上司融洽相处，导致职场发展受阻。在职场中，有出色的能力并不意味着你一定能有很好的发展，但是如果你懂得如何向上管理，那你大概率不会混得很差。

向上管理是指员工与上级沟通、合作的能力，它可以帮助我们获得更多的支持、资源、认可和机会，从而提高工作效率，促进职业发展。向上管理的目的不是讨好领导，而是建立良好的双向信任和合作关系，实现共赢。

向上管理的重要性有以下几个方面。

（1）向上管理可以帮助员工了解上级的期望和需要，从而调整自己的工作计划和方向，避免做无用功或出现误解。

（2）向上管理可以帮助员工及时反馈自己的工作进展和成果，展示自己的价值和贡献，争取更多的赞誉和奖励。

（3）向上管理可以帮助员工表达自己的意见和建议，为团队或组织的发展提供创新的思路和方案。

（4）向上管理可以帮助员工寻求上级的指导和帮助，解决工作中遇到的困难和挑战，增强能力和信心。

（5）向上管理可以帮助员工塑造自己的职业形象和声誉，扩大自己的人脉和影响力，为自己的职业发展开拓更多的可能性。

要注意，职场中非常忌讳越级汇报。职场有职场的生存法则，有些朋友可能非常有野心，想要快速晋升，所以抓到机会就越级汇报，想要得到更高层领导的提拔，但结果可能适得其反。

电视剧《凡人歌》中有一个让人印象深刻的片段：女主角与她的上司发生了激烈的争吵。这个片段不仅展现了女主角的个性和勇气，也揭示了职场中常见的矛盾与冲突。 由殷桃饰演的女主角是一位经验丰富的职场老手，她在工作中表现出色，但中年失业后，只能到同学担任总经理的公司谋求一份行政岗位。然而，她和直属上司之间的关系一直很紧张。上司是一个性格强势、要求严格的人，对女主角两次越级汇报感到十分不满。在一次会议上，上司当着所有人的面对女主角进行了严厉斥责，认为她的行为是故意越级汇报并企图取代自己。尽管女主角并无此意，但由于误会，消除这种怀疑变得极其困难。当矛盾公开化时，通常有一方会被迫离开，而这往往是下属。因此，职场中应尽量避免越级汇报。

我以前的一位女性同事 E 颇有能力和才华，她做的是企业内部宣传的工作，在公司工作了 5 年，但一直没有被提拔。于是她铤而走险，和当时的亚太区总裁保持了不错关系的同时，经常直接向总裁汇报工作。有一天，她告诉总裁，她觉得现在的工作没有挑战性，想要升职。总裁没有拒绝她，而是和人事部总监以及她的直属上司讨论是否有更适合她的岗位。人事部总监对于这样直接找总裁提要求的做法很不满意，E 的直属上司自然也非常气愤，放出"有她没我"的狠话。最终，人事部总监和总裁商量过后，给了 E 一个换岗的机会，但并没有给她升职，E 离开了公司。越级汇报是一种冒险的行为，弄不好最后只能黯然离职，因为这是职场大忌。

但是，向上管理不是一味地讨好和顺从，也不意味着完全避免争论。

我的朋友小鹿跟我分享了她的个人经历。某一天，她的公司接到一个重要项目，李主管将这个项目交给小鹿负责。小鹿为了完成任务，夜以继日地工作，终于在截止日期前完成了项目。然而，李主管在审查项目时，却因为一个细小的错误对小鹿进行了严厉的批评，甚至否定了她所有的努力。这让小鹿感到非常委屈和愤怒，她认为自己的付出和努力被忽视了。

面对李主管的严厉指责，小鹿终于忍无可忍，决定表达自己的不满。她提高了声音，直言不讳地指出李主管对她的苛刻与不公。在争论中，小鹿列举了自己为项目付出的努力和心血，强调了团队合作的重要性，并质疑李主管的领导方式是否适合当下的工作环境。

李主管面对小鹿的直言不讳，起初显得惊讶和愤怒，但随着争吵的进行，他也逐渐意识到自己可能在某些方面确实对小鹿过于苛责。争吵的气氛一度非常紧张，办公室里的同事们都屏住呼吸，担心矛盾会进一步升级。

最终，李主管在听取了小鹿的意见后，冷静下来，承认自己在这件事的处理上确实存在不足之处。他表示会重新审视自己的管理方式，并希望小鹿能够继续努力，为团队做出更多贡献。小鹿也在争吵后反思了自己的言行，决定在未来的工作中更加注重沟通和合作。

这场争吵虽然激烈，但却促使双方更加深入地了解对方的想法和感受，并在之后的工作中逐渐建立起了一种相互理解和信任的关系。

要进行有效的向上管理，可以采取以下方法。

（1）了解上级的目标、期望、风格和喜好，以便与他们保持一致。

一定要了解上级对你的期望是什么，上级希望你做好哪些事情，要与上级保持目标一致。如果上级希望你在人际关系上多下功夫，那你就应该多花精力构建有效的人际关系；如果上级希望你在某个项目上做出实质性成绩，那么你就应该在项目实务上多钻研，多下功夫，达到甚至超过上级的期望。

我们可以调整自己的工作和沟通方式，不能指望领导来适应自己的风格。有一些女性朋友不满意自己的工作处境，觉得这个领导很难相处，看不到自己的优点。这样的人可能换个领导也相处不好，因为她本身也只能看到领导的缺点。其实她应该多学习领导身上的优点，比如勤奋，不多加干涉下属的工作，信任下属，并给予下属资源支持及建议，等等。

（2）定期向上级汇报自己的工作进展和成果，突出自己的贡献和价值，提出自己的需求和困惑，寻求指导和支持。

（3）在合适的时机，向上级提出自己的意见和建议，展示自己的创造力和主动性，同时也要考虑上级的立场和利益，避免过于冒进。

向上管理并不是一味地讨好上级，在合适的时机也要敢于提出自己的意见和建议。比如当你遇到资源匮乏而无法推进项目的时候，要敢于向领导提要求；在解决问题方面，要展现自己的创造力，敢于提出不同的意见。但是要照顾上级的面子，并选择合适的场合，避免太过直接。

（4）积极参与上级组织的会议和活动，抓住机会展现自己的能力和潜力，与上级建立良好的关系，同时拓展自己的人际网络。

聪明的职场人一定懂得如何利用上级的人际网络拓展自己的人

脉。上级一定掌握着更多的信息、资源和内部人脉，你需要做的就是和上级保持良好的关系，获得信任，这样更高一层的人脉资源就可以为你所用，助力你取得更好的职场发展。

（5）不断提升自己的专业技能和知识水平，保持对行业和市场的关注与敏感，为上级提供有价值的信息和分析，成为上级重要的参谋和助手。

你掌握的专业技能和知识可能正好是上级缺乏的，这是你的职场价值，也是上级把你放在那个岗位上的理由。一定要非常清楚自己的价值是什么，只有当你的价值正好是上级所需的时候，你的价值才能淋漓尽致地展现。不断提升自己的知识水平和专业技能，积极成为上级的左膀右臂。你和上级是共同进退的，上级发展得更好的时候，你才有可能发展得更好。

你可能认为，既然和上级合不来，那换个公司不就行了？但实际上，如果你在这个企业和上级合不来，那么在另一家公司，你也可能会面临同样的问题。关键不在于上级是好是坏，而在于你们的利益有没有达成一致，你有没有掌握向上管理的技巧。学会向上管理，是职场生存最重要的技能之一。

设身处地为他人着想

我和我的人生导师 P 有过一次谈话，当时我在一家德国公司领导一个团队，进行一项数字化营销转型的工作。这个项目的主要目的是改变传统的营销方式，让合作伙伴（特别是经销商）与我所服务的品牌方一起，在数字化渠道上提升品牌的知名度，助力品牌更快速、高效地获取高质量的潜在客户。

这个数字化项目的销售收益可能不如传统渠道那么高，但是在传统渠道的营销越来越困难的情况下，数字化营销就成为该品牌的另一个增长点，所以这个项目在内部非常受重视，得到了高层的关注，成为企业内部的一个创新项目。企业要保持竞争力就必须创新。当时我顶着很大压力，要向高层汇报项目进展和结果，要搭建团队，进行供应商招标，推动项目实施，同时还要说服内部销售、经销商等合作伙伴加入这个项目，并且由于这个数字化项目比较新，没有成功经验可以参考，只能一步一步地摸索。

我在项目推进过程中遇到了很多困难，我感觉销售和相关经销商对这个数字化项目不太重视，他们总是以没时间为借口拒绝和我开会讨论。有时答应了要沟通，结果临时取消，让我很无助。我给经销商的销售线索也没有得到及时有效的跟进反馈，项目进展很缓慢。他们之前开会时都答应了积极配合，现在做的却和说的不一样，这到底是什么原因呢？

当时我的这位导师 P 是一个印度籍高管，他负责整个亚太地区的市场和销售业务，他说："Put yourself in their shoes."意思就是：要设身处地为他人着想。当我还在抱怨他们的不配合行为时，他打断了我，再次重复了这句话。

后来我回去查阅了资料，计算出这个数字化项目每年能带来百万级的销售额。但是这家经销商的总销售额，包括从我们企业同品牌的其他渠道和我们企业其他品牌的销售收入，以及从其他企业得到的销售收入，都达到了上亿元。这样一算，我这个项目只占他们总销售额的 1%，难怪他们合作不积极，没有兑现当初的承诺。

与其让领导层给他们施加压力，不如让他们看到这个项目对于他们销售额的重要性。为了达到这个目的，我需要想方设法为他们提供高质量的销售线索，帮助他们通过数字化渠道大幅度提升销售业绩，这样才能获得他们的支持和合作。这次经验教会了我，在解决问题时，不能只盯着表象，而是要分析现象背后的本质原因，然后再采取合适的措施，才能有的放矢，事半功倍。

在我离开公司前，P 表示我应该为自己感到自豪。我用三年的时间从无到有地创建了一个数字化营销转型的行业典范，并将其有效地执行，取得了优异的成绩，我应该为自己感到自豪。我也感谢他三年来的教导。后来，他的职业发展又向前迈进了一步，去了北美担任高级职位。在他辞去亚太区高管职务时，他还特意提到了这个项目的成就，这也是他一生中的辉煌时刻之一。良好的职场上下级关系就是在这种互利互惠的过程中建立的。

我的一位朋友跟我分享了她在职场上亲历的事。她在一次绩效评估中表现不佳，不是因为她的业绩不好，而是因为她上司对她的评价是虽然个人能力很强，独立完成了很多项目，结果也不错，但是不太受同事欢迎，不能和同事处好关系。

比如我的这位朋友负责筹备一场大型展会，从展台的设计、搭建到活动的宣传，以及展会现场的各种活动都是她在统筹。这场展会第一天的入场券对外派发的量极其有限，她的一位同事在关键时刻帮忙多争取了几张。领到入场券后，她没有主动将入场券送给该同事，而是让该同事到她座位上领取。她的领导看到后很生气，觉得人家帮了你，作为回馈，你应该将入场券直接送过去表达感谢。当时我的朋友特别不能理解，就这么一点小事也值得生气吗？但她仍然听取了领导的意见，在往后的工作中多考虑同事、合作伙伴的处境和情况，关键时刻多给予一些支持和帮助，多表达一些感谢。经过调整，我的那位朋友不仅在业绩上依旧表现出色，而且改善了和同事们的关系，这不仅让项目推进更加顺利，还让她获得了领导的认可，在年终考评中得到了"优秀"的评价。

这虽然是一件小事，但背后折射的是一个人为人处世的态度和风格。为人处世最关键的是设身处地为他人着想，在努力争取业绩的同时，多考虑合作伙伴的立场和情况，在不违背原则的情况下给予支持和理解。

辅导他人：利他就是利己

我的一位职场高管朋友，她在退休后致力于帮助贫困地区的儿童接受教育，自费资助了数百名学生，并到当地教授课程。她说，她的这种行为不仅让她感到快乐和有价值，也让她的身体和心理更加健康，她觉得自己的生命被延长了。

我还可以列举几位女性成功者，她们既利人又利己，帮助别人的同时活出了自我。

杨璐菡，她是一位杰出的科学家和教授，从事基因编辑和细胞治疗的研究，为人类健康和生命科学的发展做出了重要的贡献。她同时也是一位乐于分享的导师，培养了很多优秀的学生，并为他们提供了指导和帮助。

颜宁，她是一位著名的生物学家，在蛋白质结构和功能方面的研究为人类认识生命奥秘和治疗疾病提供了新的视角和方法。她同时也是一位敬业的教授，培养了很多优秀的科研人才，并与他们保持了良好的合作和友谊。

这些案例都说明了利他就是利己的道理，当我们关心和帮助他人时，其实也是在关心和帮助自己。利他就是利己，这是一种良性循环，它让我们能够在共享美好的同时，也创造美好。

利他就是利己，这是一种基于互惠原则的心理现象。当我们帮助他人时，我们不仅能给他人带来正面的影响，也能给自己带来正面的回馈。这些回馈可能是物质的，也可能是精神的。比如，当我们辅导他人时，我们不仅能提高他人的学习水平，也能巩固自己的知识；当我们慰问他人时，我们不仅能安慰他人，也能增进自己的人际关系；当我们为他人捐赠财物时，我们不仅能改善他人的生活，自己也能获得满足感。这些都是利他行为带来的利己效果。

利他还能让我们获得更多的机会和资源。因为当我们给予他人时，他人往往会感激我们，甚至会回报我们。这样，我们就能建立一个良好的社会网络，从中获取更多的信息和支持。而且，利他还能提升我们的社会形象和声望，让我们在他人眼中更有价值和吸引力。这样，我们就能拓展自己的社会活动领域，从中发现更多的可能性和机会。

所以，利他就是利己，这是一种双赢的策略。它让我们能够在帮助他人的同时，也帮助自己；它让我们能够在享受幸福的同时，也传递幸福；它让我们能够在创造价值的同时，也获得价值。利他就是利己，这是一种智慧，也是一种美德。它让我们的生活更加有意义、有品质。

我们不用去和名人比，做一些力所能及、回馈社会的事情就足够了。比如，有一定资历的职场人可以为年轻人提供指导。我就在业余时间担任校外导师，为毕业生提供求职指导，在企业内部也利用自己的经验，为想要在营销上系统性地提升的年轻职场人提供不定期的辅导，每一次辅导我都会进行准备，虽然这些事情并不会马上带来物质回报，但我感觉心灵世界更加充实了，我的知识价值也被放大了。

第三章 ●

精力管理

成功女性如何看待家庭和事业的平衡

成功女性经常会被问到如何平衡事业和家庭的问题。

事业和家庭的平衡，似乎成了现代女性必须面对的挑战之一，似乎只有拥有成功的事业和幸福的家庭，才算取得了世俗意义上的成功。让我们来听听不同的成功女性对这个问题的看法。

女演员马伊琍表示，女人能平衡事业和家庭，是最大的谎言。在一次访谈中，她直言不讳地说道："肯定不能平衡好！那些看似光鲜亮丽、家庭事业双丰收的成功女性，背后肯定都有一大堆帮手！我从做妈妈起，晚上从来不出来的。你要跟我谈工作就请你跟我谈（工作），不要找我出来吃饭，对不起，我没有这个空！你必须牺牲自己的时间，比孩子睡得更晚。然后孩子睡着了之后，摸着黑打开手机，开始看剧本，或者回工作短信。"

女主持人张泉灵则觉得这个问题不公平。她认为，如果是一位男性企业家，恐怕不会有人提出这样的问题。事实上，张泉灵展现出了非凡的才华，事业蓬勃发展，同时家庭和谐幸福。她脱离了主持人岗位后做起了儿童教育方面的工作，同样做得出色。

马伊琍一语道出了作为职场妈妈的艰辛，而张泉灵则是站在性别平等的角度去分析问题。这两位成功女性的观点很现实，也反映了社会上的职场妈妈们都会遇到这样的问题。

事业和家庭的平衡对男人来说也同样是挑战。

经营好一个家庭不是一个人的事，而是要靠两个人共同努力。以前的传统观念是女性照顾家庭，随着时代的变化、社会的进步，也有一些家庭的男性承担起了育儿的任务。我们可以看到一些奶爸一手抱着婴幼儿，一手推着婴儿推车，这些男人同样面临着兼顾工作和育儿的问题。而且，科学研究发现，父亲责任不到位会导致父爱缺失，这样对于儿童的发展极为不利。

根深蒂固的观念在短时间内无法改变，大多数男人还是很少承担养娃、做家务的责任。那怎么办呢？这就要回到本书第二章的观点：战略的本质是做决策。作为女性，如果不做筛选，你就别指望通过你的苦口婆心改变一个懒惰、不上进的男人，更别说让游手好闲的他在你的积极培养下成为育儿的得力助手，这种可能性远低于你努力工作实现财务自由。你有这样的精力不如把时间花在努力奋斗、赚取更多财富上。

因此，要想平衡好事业和家庭，首先要选择好伴侣，其次是和伴侣做好家庭内部的分工。职场女性要发展事业，这是大前提，你不能为了育儿就放弃自己的事业而去做全职妈妈。

我以前碰到一位年轻帅气的外籍高管，他能力强，看上去也很斯文，但令我震惊的是他的思维居然如此"传统"。40岁左右的他还是单身，在很多聚会的场合，同事们都很热情地帮他介绍对象，而他的观点是：女人嫁给我之后就不要工作，不要抛头露面了，要以家庭为主。真让人难以置信，什么年代了，怎么还会有人说女性不能工作呢？但这样的观念一直存在于我们周围。

女性的事业和家庭如何平衡？"平衡"这个词根本无法量化，在你力所能及的范围内，你能做到什么程度就是什么程度。有了孩子也不要放弃工作，但不是说不放弃工作就需要你在事业上有多么成功，不要去和你看到的成功女性比较，每个人的情况不一样。我们需要做到的是，不离开职场，保有自己的社会关系，不要让自己只有一条路可走。努力让自己的家庭和事业处于一个相对平衡的状态，对我们应对生活和工作中的各种困难都大有裨益。

一边是家庭，一边是工作，女性如何两手抓

目前，中国家庭大多由双方父母帮助照顾第三代，我和我的许多女性朋友也是如此，父母在很大程度上解决了双职工家庭无人接送和照看孩子的问题。在这样的模式下，很多家庭中父亲的育儿职责是缺失的，他们以养家糊口、需要工作赚钱等各种理由逃避照顾孩子的责任。但在孩子健康成长的过程中，父亲的作用不可或缺。

父亲不仅要在经济上支持家庭，还要在精神上关心妻子和孩子，参与到日常的家务和育儿中。父亲的参与不仅可以减轻母亲的负担，还可以增进夫妻之间的沟通和理解，更可以让孩子感受到完整的家庭温暖和爱。父亲的育儿态度和方式也会对孩子的成长和性格产生重要的影响，尤其是对于男孩来说，父亲是他们的榜样和导师。

女性一定要明白，如果碰到难以承担父亲职责的丈夫，导致你

在育儿时心情沮丧，那不是你的问题，要让丈夫承担起育儿的责任。

然而，在中国，由于传统的性别角色观念影响，很多男性认为育儿是妇女的事，自己只需要赚钱养家就行了。这种思想不利于家庭的和谐和孩子的健康成长，也不符合现代社会的要求。女性也有追求自我价值和实现自我发展的权利，而不应该被束缚在家庭和工作的两难境地。男性应该摒弃旧有的偏见，积极主动地承担起育儿的责任，和妻子一起分享家庭的甘苦，和孩子共同成长。这样才能形成一个幸福的三角关系，让家庭成为每个成员的避风港和动力源泉。

我的一位女同事 L，同理心强，勤奋努力，独立自信。她也是让公婆帮忙带娃，但是选择和公婆分开住，一方面解决孩子的接送问题，另一方面和长辈保持一定的距离，有利于大家庭的和谐。这是运气比较好的家庭，长辈还有精力也愿意照看孙辈，同时有一定的经济实力购买或者租住两套住房。在这样的模式下，夫妻双方可以把更多的精力放在工作上。

对于没有双方父母帮忙带孩子的家庭，可以让一方尽量选择时间灵活的工作或者雇用保姆来接送孩子上下学，而不是让一方完全放弃工作，与社会脱节。例如，在很多外企，为了满足女性照料孩子的需求，实行弹性工作时间办公甚至在家办公的制度，这样就兼顾了家庭和工作的平衡的需求，非常人性化。

我有一个朋友特别羡慕我有老人帮忙带娃，可是如果全面、辩证地看待这件事情，这种模式的缺点也是很明显的：老人可能会溺爱孩子，会让孩子养成一些不好的习惯；要面对两代人价值观不同的问题；要面对一些家庭矛盾，如个人隐私不被保护、私人空间不够的问题；等等。

不同家庭有不同的状况，大家应该根据自己的实际情况，保持开放的态度，尽力寻找解决问题的方法。选择了一种方法后，作为成年人也要承担其选择可能导致的不良后果。

女性在生完孩子后不应该放弃工作，还有一个理由是孩子需要榜样的影响。你努力工作的榜样力量比口头教育、强迫孩子做题或者过度管控孩子更有效。如果你自己努力工作，面对困难不退缩，时刻保持积极乐观的心态去应对人生的各种挑战，这种精神会对孩子的教育起到潜在的促进作用。母亲作为榜样，对孩子的发展有非常大的帮助。

我女儿三年级，但她已经很懂事了，对我出了两本书感到十分骄傲，喜欢和她的同学分享我的出版经历，平时也经常问我一些出书的细节。我从这件事中体会到了母亲给自己的孩子最真实的力量。他们会看到自己的母亲是如何处理并解决一个个棘手的难题的，这种女性形象会在他们头脑中留下深刻的印记。在不知不觉中，他们会把母亲的这些行为和自己的日常行为做比较，然后改进自己的行为。

孩子也像自己的一面镜子，让你看到自己的不足，然后思考如何改进，这是给自己第二次生命的机会。我感谢两个孩子的到来，让我在成长过程中不断完善自身，做更好的自己。

工作能让女性在育儿后保持和社会的联系，跟上时代，扩大事业圈的人脉。如果只是每天忙于小孩子的功课和家务，会让能量消耗；而出去工作可以增强自信，获得生活的勇气，实现个人价值，通过事业缓解家庭琐事的压力，让自己更加多元地发展。

经常看到一些女性朋友因为家务琐事而筋疲力尽，在辅导孩子功课时又忍不住歇斯底里地怒吼，我也曾经历这样的崩溃时刻，这不仅不利于自己的身心健康，也不利于孩子的成长，更不利于家庭的和谐。

如果你有能力发展自己的事业，那么你的事业会让你获得极大的成就感。因此，职场女性不要轻易放弃事业，选择伴侣时也要挑选能够支持你继续工作的人。你可以试着和伴侣以及能够提供帮助的家人协商如何更好地分担育儿的责任。因为大家的目标是一致的，都是为了将子女抚养长大，让他们有更好的成长环境，让家庭井然有序的同时，夫妻双方也不用放弃事业。在一方比较忙的时候，另一方要多承担一些家庭责任，反过来也是如此，最终达到动态平衡。

摆正心态，控制欲望

时间管理的诀窍，不在于时间，不在于管理，而在于心态。

经常有姐妹问我：你既要工作，又要带娃，还要出书，还要在大学教书，还要担任营销奖项评委，参加业内的一些活动，你怎么安排时间的啊？

我的回答是：想做好工作，就先全心全意做好工作中的每件小事，同时，保证充足的睡眠。我每天都保证睡足 8 小时，不会为了工作而牺牲自己的休息时间。

大宝小时候，更多是由奶奶和爸爸照顾，吃饭、换尿布、陪玩这些事情都是他们操心，我当时也很担心，因为有些育儿书上说如果母亲不亲自带孩子，对以后的亲子关系会有影响。可是在个人事业发展上花的时间多了，就必然会导致在孩子的陪伴和教育上花的时间变少。

幸运的是，等到孩子渐渐长大，我发现这并没有影响我和我女儿的关系，我们现在的关系很融洽，她会经常和我聊一些她感兴趣的话题，听取我的建议，表达她的想法。

一个人的时间是有限的，不能同时兼顾所有方面，女性朋友们不必为此自责。

你想要样样都优秀，孩子有成就，事业有进步，赚很多钱，身体健康，形象良好……那也许不现实。我们需要根据现实条件、自身情况调整期望。

要摆正心态，控制欲望，我们需要做到以下几点：

（1）明确自己的目标和价值观，不要盲目地跟随别人的选择或者社会的期待。每个人都有自己的生活方式，不要因为别人的看法而否定自己。

（2）接受自己的局限性，不要让完美主义成为一种负担。没有人能够做到完美无缺，我们要学会取舍和妥协，找到自己最满意的平衡点。

（3）感恩自己所拥有的，不要总是和别人比较，或者羡慕别人的优势。每个人都有优点和缺点，我们要珍惜自己的努力和收获，感谢身边人的支持和帮助。

（4）放松自己的心情，不要给自己太多压力，也不要让自己过度焦虑。我们要找到适合自己的放松方式，比如听音乐、看书、运动、旅游等，给自己一些喘息的空间，让自己更加开心和积极。

（5）培养自己的兴趣和爱好，不要让自己的生活只围绕着工作和家庭。我们要拓展自己的视野和知识，尝试一些新的事物，给自己一些挑战和成就感，让自己的生活更加丰富和有意义。

"35 岁危机"真的是不可避免的吗

如今职场中常提到"35 岁危机",那么这种危机是怎样产生的呢?这背后的社会原因非常复杂,不是我们今天讨论的重点,但从微观层面来看,"35 岁危机"可能是由于角色冲突造成的。随着年龄增长,一个人要承担更多的角色,而精力有限,角色纷繁复杂就会导致危机的出现。

我也曾面临这样的危机,我清晰地记得我 35 岁时的某段时间情绪很是低落,我也一样经历了那种危机。如果说一个人可以很轻松地胜任各种角色,并且在每个角色上的表现都非常出色,我是深表怀疑的,因为这并不容易。

那么,35 岁危机真的是不可避免的吗?其实,这种危机并非人人都会遇到,而且它的严重程度也因人而异。关键在于我们如何应对和管理自己的角色和时间。虽然许多人在 35 岁时经历了职业和生活的转折点，但这并不意味着每个人都会陷入危机。

面对这种潜在的危机，首先要做的就是正视问题，了解自己当前的状态和面临的挑战。其次，要学会合理分配时间和精力，清晰地界定各个角色的优先级。要认识到，不可能在每个角色上都做到完美，与其追求每一方面的卓越，不如先确保最重要的事情得到妥善处理。

此外，建立一个良好的支持系统也至关重要。家人、朋友和同事的支持可以缓解许多压力，让你在面对挑战时不至于孤军奋战。定期的自我反思和调整可以帮助你更好地应对生活和工作的变化，避免陷入角色冲突和精力耗竭的困境。

度过那段时间后，有人问我，一天只有 24 小时，却要完成那么多事情，有什么诀窍吗？

我也不能自诩在管理以及胜任各种角色方面做得有多么出色，相反，我还差得很远，但从面临危机到度过危机，我还是有一些经验可以分享给大家。

首先要仔细看看自己一天 24 小时都做了些什么。二八法则是一个有用的原则，可以用于战略、金融、管理等领域，我认为它也同样适用于精力管理。

什么是二八法则？二八法则可以用一些案例来解释，比如：

20% 的金钱投资带来 80% 的回报。

20% 的重点项目带来 80% 的工作收益。

20% 的明星产品带来 80% 的销售收入。

我们需要审视自己的时间和精力是如何分配的，找出占用了 20% 的时间和精力却能带来 80% 收益的部分，然后专注于这些部分，持续地去做。例如，我这 20% 的时间都是用来写作一些关于营销专业的文章。这些文章会在各种杂志、网络平台上发表，也会被整理成书出版。

写作是我整理思路的过程，也是巩固知识的方式。在写作的过程中，我提炼了营销的方法论和战略框架，并且以文字的方式输出，这不仅对我的思维方式是很好的锻炼，也加深了我的专业理解，同时通过出版书籍、开设微信公众号等方式拓展了我的职业人脉，建立了我的职业影响力。

拥有影响力可以让我更好地应对企业内部的营销管理工作，在人际关系和专业技能上持续增强自己的能力。这样你就会发现有越来越多的人愿意帮助你，你的发展也会更加顺畅，这时候你人脉资源的拓展不是靠饭局或微信加好友得到的，而是靠你的专业性和影响力结交的，这种人脉才真的有价值，会推动你在个人影响力的建设上取得更大成就。

家庭和事业平衡之道：二八法则抓重点

对于女性朋友来说，最重要的是找到自己的优势所在，用20％的精力创造80％的效果。这个优势可以是你的工作领域，也可以是你的育儿经验。有些职业女性一边工作，一边开设了自己的育儿公众号，分享育儿技巧。她们对各种学校的招生政策、特色、考试标准等都非常清楚，乐于与他人分享，不仅让自己精神充实，还能帮助很多人。同时，她们还结识了很多有共同话题的女性朋友，互相交流，提高自己的育儿水平，既有收获又有乐趣。如果做得好，甚至还有赚钱的可能。比如，有一些教育机构注意到她的公众号粉丝都是有教育需求的母亲，会提出广告合作的请求。

很多事情只是表面看上去艰辛，看似没有回报，但实际上在不知不觉中产生了好的影响。女性朋友们要善于发现自己的长处，找到那些只占用你 20% 时间的事情，并积极发挥自己的优势，根据不同的时机和环境，将这 20% 的时间利用到最大化，产生最好的效果。

一位职场女性朋友 Y 女士跟我分享了她的一天。作为一个职场妈妈，她的 24 小时都被安排好了：早上要叫孩子起床、送他上学，然后赶到公司开始忙碌的工作。在工作的同时，她还要打开各种群，比如学生群、老师群、家长群，转发孩子的作业，交纳餐费，等等。她还要通过微信工作群给下属分配任务，跟老板汇报工作，跟同事协调各种项目的进展。等到一天的工作结束回到家，看到孩子考试成绩不理想，就着手辅导孩子。可是当她发现孩子在一些题目上反复犯错，教了很多遍也不会，她失去了耐心，泪水夺眶而出，委屈地说道："我也是人，我也需要休息的。"

精力旺盛不是天生的，而是通过在自己擅长的工作领域展现实力而提高的。如果要求一位职场妈妈面面俱到，什么都管，那显然不是一个好的策略。

Y 女士可以运用二八法则检查：哪些事务是让自己付出 20% 时间获得 80% 收益的，多在这些事上下功夫，重新分配精力。比如工作很出色，那么就多花精力在工作上，对于孩子的学习稍微放一放，也许少管一段时间，管得没有那么紧，孩子没有感受到太大的压力，心情愉悦，成绩反而提升了，或者让丈夫承担更多的育儿工作。同理，工作也是如此，与其事事盯着，不如充分授权给下属，不仅把自己管理细节的时间省了出来，还让下属有了发挥空间，团队关系反而更加和谐。

所以关键是在工作和生活中抓重点，把握最可能发挥自身优势、对你产生积极影响、让你做出成就的那20%的工作。同时，我们要尽可能减少花在那些不利于发挥优势又收效甚微的事情上的时间，哪怕这在短期内可能会让你遭受一些损失，但长期来看却是值得的，因为节约下来的时间和精力会让你在其他更擅长且做得更多的方面得到更高的投资回报。

总而言之，二八法则告诉我们如何合理有效地安排时间和精力。只有在正确的精力管理战略指导下，个人的精力才能被正确分配，从而实现人生的成功，展现自身价值。

学会借力：要独立，但也不要完全独立

综艺节目《奇葩说》中有一期节目的辩题是"妈妈是超人，真的是对妈妈的赞美吗"，经过一番激烈的辩论，最后反方赢得了比赛。

反方的观点是："妈妈是超人，不是对妈妈的赞美。"如果"妈妈是超人"是一句赞美的话，那就会无形中给妈妈们造成压力，让妈妈们过着不得不成为超人的生活，于是这句话就变成了一种绑架。这种观点在现场得到了大多数人的共鸣，也从侧面反映出如今整个社会对于职场妈妈的一种态度，体现出了对职场妈妈更多的理解和关爱。妈妈不需要是超人也可以获得赞美和认可，女性也不必认为自己必须成为超人，才是一位合格的妈妈，可以接纳自己的手忙脚乱，接纳自己的不完美，接受自己也有软弱的时候。

女性需要学会独立自主，但是也要聪明地借力。要独立，但是也不要完全独立，这是什么意思呢？"独立"是指女性应该有养活自己的能力，经济上可以做到独立，让自己活得更出色；"也不要完全独立"的意思是，在生活和工作中要学会适当借力。

就跟管理者一样，女性如果在工作或者生活中事事都亲力亲为，那么有限的精力肯定是没有办法应付这么多日常事务的，所以必须学会巧妙地借力。

这个"力"可以向谁借？可以是你身边所有支持你的人，工作中包括你的同事、上司、下属，生活中包括你的伴侣、家人。不要一味逞强，要学会求助，请求他们的帮助，要学会"利用"，用好你身边的人。

女性在社会和家庭中到底扮演着什么样的角色呢？她可以做丈夫的坚强后盾，让丈夫的事业蓬勃发展；也可以叱咤职场，在事业上和男性平分秋色，甚至比男性做得更出色，家庭中则可以成为和伴侣共同承担家庭经济责任的那个人；她同样可以单身独立，事业上发光发热，活得潇洒滋润……这些女性无一例外都是出色的，有着自己的生活方式和处世之道，关键是找到适合自己的方式。

一个家庭就像一个团队，需要同心协力。如果这个团队关系混乱，那么做事效果就不会好，甚至可能散伙。但是如果团队的每一个人都能发挥自己的长处，职责明确，勤奋努力，并且所有人共同进退，朝着一个目标前进，那么这个团队一定进步很快。

女人应该学会放手让别人去做事

我的一位女性朋友 D 女士很懂得放手，比如对于孩子的吃穿她都很放心地交给家人去打理，通常这些琐事她都不过问。而有些人会在一些家庭琐事和细节上无限耗费自己的精力，直到消耗殆尽，然后开始抱怨生活。这其实没有必要，放手让其他人做，信任他们，并给予肯定，说不定会比自己做更好。

一些职场妈妈经常向我诉苦：她们付出了很多努力，但是丈夫却不理解，还总是挑她们的毛病。当然，这可能跟伴侣有一定的关系，但是女性朋友们不要期待自己的努力别人能够全部看到，很多时候，你闷头儿做了那么多的家务，而在别人看来，可能觉得你做家务是享受呢。不如让他亲自去做一做家务。

我的一位朋友 Z 女士和我探讨如何改善亲密关系。起因是她和丈夫一起筹划如何过节，她很努力地做了一系列安排：早上去一个网红打卡点打卡，下午去迪士尼乐园游玩，晚上再找一个浪漫的餐厅一起吃晚饭。这样的安排看上去特别完美，而且全家三人可以一起参与，结果当天丈夫就抱怨连连。抱怨早上安排得太早，好不容易休息一天却要为了游玩而早起；抱怨迪士尼乐园排队的人太多，游玩体验不好。然后我的这位朋友感到很委屈，觉得她丈夫不安排也就算了，她自己主动安排好了结果吃力不讨好，真是不值得。

这位朋友的丈夫自然是有问题的：妻子为了营造家庭氛围主动做这么多事情，他至少应该给予肯定和鼓励。其次，站在我这位朋友的角度，既不可能指望改变她丈夫爱唠叨的毛病，也不可能下次安排一个让丈夫挑不出毛病的活动。她的解决方法可以是让丈夫安排出行，但我的朋友说："让他安排，他又不高兴。"我说："他不是抱怨你，他其实是内心不太愿意出去玩，而更想宅在家里。那下次你想出去玩的话，就不要强求他了，自己带着女儿出去就行，这样皆大欢喜。"结果就是这位朋友照我说的做了两次，每次出去玩都不带她丈夫，第三次她丈夫就主动要求加入，甚至自己去做攻略。

一名优秀的职场妈妈要善于发掘家庭"合作伙伴"的闪光点。每个人都不完美，也都不是超人，但一定有自己的"超能力"。聪明的职场妈妈会看到每个家庭成员的超能力，并让他们充分发挥自己的超能力。

做一名聪明的职场妈妈，同样重要的是该放手时要放手，从小培养孩子独立自主、自己的事情自己做的习惯，而不是干涉甚至控制太多。这样，家庭成员各司其职，一家人其乐融融。家庭协作的本质和职场管理的本质是一样的，就是激发热情，发挥优势，分工明确，调动每个人的积极性。

第四章

高效执行

时刻保持思考习惯是高效执行的前提

　　勤于思考是一个非常优秀的生活习惯，也是让自己保持精力充沛、行动高效的重要方法。

　　我以前倾向于看到一件事情就想迫不及待地去完成，结果往往是做着做着发现做不下去了。如果在行动之前多加思考，把事情的来龙去脉都分析清楚，按照分析的结果制订计划，然后行动，通常能取得好的结果。在行动的基础上总结经验、提炼理论，并用理论去指导下一次实践活动，这样就形成了一个闭环：一方面理论指导行动，另一方面实践检验理论。

　　思考不需要专门找时间，任何时候都可以思考。

　　随着人工智能时代的到来，未来机器可以替代很多人类的工作，唯有人类的创造力无可替代，而思考正是人类产生创造力的源泉。

我们应该养成在任何场合勤于思考的习惯，对于所思所想随时记录的习惯。我们可以找个安静的地方，写下自己的思考所得。长此以往，思考所得的积累将相当可观。

我周围很多朋友在进入职场后，仍然努力提升自我，积极参加各种学习活动，比如 MBA、EMBA、各种继续教育活动等，这样的学习态度令人钦佩。但是，单纯地学习知识还不够，还要能对所学的知识进行思考和实践，这样才能真正提高学习效果。

反思我们的行动和结果是一种很有价值的思维活动。我们应该经常反思，分析自己做了什么，没有做什么，哪些事情做得成功，哪些事情遇到了困难，如果失败了，是否从中获得了一些经验，我们绝不能在同一个地方犯同样的错误。

世界著名物理学家和哲学家路德维希·玻尔兹曼说：理论是思考的根本，是实践的精髓。理论是抽象的，也是难以理解的，但是越难就越要去动脑筋，越要去实践。

如今，抖音等短视频充斥着我们的生活，你喜欢什么话题就给你推什么，我们宝贵的时间也逐渐在短视频上一分一秒地流逝。我没有下载抖音 App，因为人在很多时候是很难控制自己的，不如一开始就不要安装类似的 App，将更多时间放在更有意义的事情上，比如阅读、运动和思考。

短视频的特点是短、平、快，容不得你有太多的思考，它会将你感兴趣的内容不断推送给你。如果你表示认可和赞同，它便可以判定你的喜好，然后推送更多类似的视频，挤压你的思考空间，将你的思维束缚在一个狭窄的空间内。而且短视频内容的抄袭问题特别严重，大多数视频都是低质量的，甚至信息都是假的，如果轻信了，那么思维就容易被带偏。试问抄袭问题如此严重的视频内容，又怎能充分体现人类最伟大的创造力呢？更别提很多短视频其实都是广告，为了让你购买产品而故意制造观点，吸引你认同其价值观，进而购买视频中推销的产品。

人一旦失去独立思考的能力，就会随波逐流，结果就是无法主宰自己的人生。

锻炼思考能力

马克思说："思考一切。"思考对人类发展以及个人成长起着非常重要的作用。爱因斯坦说："学习知识要善于思考，思考，再思考。"他在短短的一句话里强调了三遍"思考"，可见他对思考的重视程度。积极的思考能帮助你在生活、工作和学习中事半功倍，对每一件事情做到精准判断，达到高效行动的目的。

那么如何锻炼思考能力呢？

第一，多读书。读书等于输入，读书不要光读，还要边读边思考。看到好的金句就把它摘录下来，想想它到底好在哪里，和你的实际生活有什么关联，是不是因为你在生活中有同样的感悟，所以引起了你的共鸣，让你拍案叫绝。

第二，多旅行。旅行不只是吃喝玩乐，旅行过程中能看到不一样的风景，当地的文化习俗、交流方式、美食都可以引起你的思考。你可以通过旅行去体验和自己所居住的地方不一样的生活和情怀，将旅途中的所思所悟以文字的形式记录下来。

第三，用批判性思维看待一切。有些人很容易受别人影响，别人说什么就信什么。批判性思维是指除了要质疑一切，凡事多问为什么，还要敢于接受别人的批评和质疑，对于他人的批评持开放的态度，虚心倾听，反思自己的行为，勇于接受别人不一样的观点。

第四，敢于输出。有些人特别羞于分享自己的观点，而更加喜欢聆听别人的观点。我认为作为勇敢的女性，要敢于展现自我，输出是最好的思考方式。对于一个知识、一个观点你是否理解，就看你有没有输出的能力，输出可以通过写作、分享交流、演讲等方式进行，有些东西你觉得自己理解了，但是要表达出来还是觉得很有难度，那就是还没有真正掌握输出的方法。所以如果有段时间对某件事情的思考极为深入，那么就可以通过这个话题和朋友展开积极交流，分享观点，以此来锻炼和强化之前的思考成果。

深度思考是人独有的能力，也是提升女性能量的重要方式。深度思考习惯的养成和能力的培养需要经过长期、有意识的训练。只要坚持，就不会感到困难，反而能感受到快乐，也就能拥有不一样的美好生活。

充分利用碎片化时间

　　利用碎片化时间做事情是我在高效执行方面的一个有效方法，它让我节省了很多时间。比如利用碎片化时间帮孩子在英语 App 上约一节英语课，因为像约课这种事情本身就不是什么耗费时间的大事，并不会占用你很多时间，如果要等你空下来正经找个时间去约课，那可能要到下班后。但是你一天忙到晚，下班回家还有一堆事情要处理，你的时间和精力完全跟不上。这个时候就要学会利用碎片化时间。充分利用一切可利用的时间去处理这些细碎但又挤占精力的工作就是一个很好的方法。

　　碎片化时间，是指除大块学习和工作时间以外的时间，它包括茶余饭后、洗漱、上下班途中、晚上睡觉前等小块时间。如果认真留意，你会发现我们每天都拥有大量的碎片化时间。时间是这个世界上唯一对所有人都公平的东西，不管你是富人还是穷人，不论你的能力强还是弱，每个人每天所拥有的时间都一样，但如何利用碎片化时间直接决定了你和其他人在高效执行上的差异，这也可以成为你具有差异化竞争力的地方。

利用碎片化时间我们可以做一些简单的、不需要太多注意力和专注力的事情，例如：

（1）阅读一些有趣的或者有益的文章，拓宽自己的知识面和视野。

（2）听一些有价值的音频，学习一些新的技能或者知识。

（3）给自己制定一些短期或长期的目标，规划自己的时间。

（4）做一些轻松的运动，放松身心，调整状态。

（5）和朋友或者家人聊聊天，交流一下自己的想法和感受，增进彼此间的关系。

（6）反思一下自己最近做过的事情，总结自己的优点和不足，思考自己的成长和改进。

我就养成了在交通工具上、在上班路上、在各种碎片化时间中思考的习惯，一旦想到或者听到一个好的观点就在手机备忘录上将它记录下来。时间长了，我发现这些积累对我的工作和写作都十分有益。

现代城市生活让所有人的工作节奏更快，时间更碎片化。我们以前的工作时间可能是整块的，但是随着科技的飞速发展和社交媒体的兴起，我们的时间被切成了碎片。过去我们可以集中精力做一件事情，但是现在我们得同时处理无数任务。在同一时间，我们既要穿梭于不同的会议之间，又要时刻盯着微信，生怕漏掉领导的安排，错失重要信息，还要及时响应班级群中老师的通知。

我刚要做这件事，不料另外一些更加急迫的事情打断了我，导致我无法专注地去做之前准备做的那件事。但是这样反而让我更充实，因为我的时间被各种事情填满了，在完成这些事后我会感到很满足。不过，这很有可能是错觉。充分利用碎片化时间并不意味着你简单且无计划地将所有的碎片化时间填满。

不要被“控制错觉”所迷惑

心理学上有个概念叫“控制错觉”，即人们倾向于把外部世界看成有组织的、有序的、可控的，从而高估自己对局面的控制能力——就算你理性上知道这不可能，你仍然会下意识地这么做。

这个心理现象为什么会对我们的工作产生影响呢？

疫情改变了很多人的心态，也让很多职场人产生了心理危机、失业危机，为了填补这些“危机”带来的心理空缺，于是拼命努力，不断地“灌鸡汤、打鸡血”，做出一些貌似理性实则盲目的行动。为了缓解内心的焦虑情绪，人们就产生了“控制错觉”，觉得“一定要做点什么，总比什么都不做好”。

“控制错觉”带来的直接影响是让人陷入“重视短期结果”的误区，其实当下更应该重点关注的是：长效可持续的工作。

所以，我们遇事首先需要判断它的轻重缓急，调整思路，避免陷入"控制错觉"的误区。我们可以根据事情的重要性和紧急性把事情分成四个象限。下图展示了时间管理的四象限矩阵。

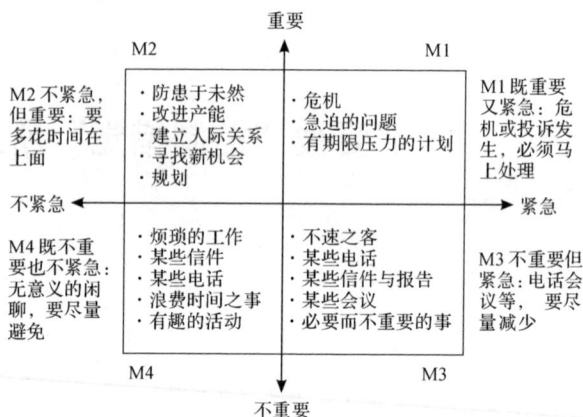

这是可以帮助职场人安排工作的重要思维模型，女性同样可以用来处理工作和家庭事务。

大部分普通人将最多精力花在重要且紧急的事务上，优秀的人将更多精力花在重要但不紧急的事务上。

优秀的职场女性尤其要关注 M2 区域的事务，这些事务虽然不紧急，但非常重要，要多花时间在上面。

这些事情包括防患于未然，如考虑到老年生活的质量，要提前购买保险，规划养老金；改进产能，持续不断地提升工作能力，建立有意义、有价值的人际关系，提高生活的幸福感；寻找最新的职业发展机会，对未来做出规划；等等。这些需要进行长期思考和实践的工作并不会对你的现有生活产生太大影响，但是必定会对你的未来产生重要影响。你在这些领域所花的精力将决定你未来过什么样的生活。

同时，我们要尽可能减少落在 M1 区域的事务，这些都是目前最消耗我们精力的事情，比如处理危机，处理一些亟待解决的问题，按时完成有时间压力的计划，等等。在可能的情况下，看看工作是不是能分给家庭成员，是不是能通过与同事更有效的合作来完成。

对于 M3 区域不重要又紧急的事情，如招待不速之客、接听紧急电话、参加临时把你拉进去的会议等，要尽量减少这部分时间的投入，不要怕拒绝。

M4 区域是既不重要也不紧急的事情，比如毫无意义的闲聊、看上去有趣的活动等，要尽可能避免在这些既不重要也不紧急的事情上浪费精力。

高效行动的秘诀

职场上的许多项目在战略层面完美，没有任何瑕疵，项目启动之初，大家都雄心勃勃，感到非常有前途，但是做着做着，发现项目推进不下去，或者结果不尽如人意，和当初设定的目标相差甚远。这可能不是战略、战术的问题，而是执行力的问题！再伟大的计划，如果没有强大的执行团队和执行力，一切都是空谈。

美国《财富》周刊刊登过的一篇文章中提到：70% 的失败的企业，不是败在战略制定上，而是败在糟糕的战略执行上。有效的策划得到有效执行的不到 10%。72% 的 CEO 认为执行比制定战略更难。

我也遇到过很多项目，比如某个数字化营销转型项目，战略层面完美无缺，但是执行的时候一塌糊涂，直接导致项目的失败。由此可见执行力的重要性。

什么是执行力？我认为执行力可以用以下公式表示：

执行力＝以终为始＋团队合作＋行动的勇气＋效率为先

（1）以终为始。

畅销书《高效能人士的七个习惯》对我非常有启发意义。"以终为始"是书中的第二个习惯，它是指在做任何事之前，都要先认清方向，以你的人生目标作为衡量一切的标准，你的一言一行由个人最重视的期许或价值观来决定。你要时刻牢记：希望自己成为什么样的人，当务之急是什么。若不明方向，你的每一次行动都只是在加快走向失败的步伐。

现代社会，每个人每天都忙于各种琐事，感觉一天时间根本不够用，事情总是做不完，做完了就觉得自己执行力很强。真的是这样吗？其实未必，得先看看你做的事情是不是真的有意义，不然速度再快，做得再多，也不能说明你执行力很强。

有效的方法是在每一天开始的时候，列出你每天要完成的"清单"，检查清单中的大小事务是否与你要达成的短期和长期目标相符，然后再一项项地去完成。

能够做到"以终为始"的人真的很少。以终为始的人在管理自己的精力时是有目标的，他们的努力是有方向的，而这个目标不是凭空而来的，是建立在思考的基础上的，所以深度思考和自我觉察是"以终为始"的指南针。

（2）团队合作。

社会属性是人的本质属性，团队的执行力和团队中的每个人是分不开的。这里的团队背景可以是职场环境、家庭环境，也可以是其他需要与别人一起完成某件事情的场景。

一个人的执行力再强，如果不能与团队成员优势互补，能发挥的作用也是有限的。当你与团队成员无法同频的时候，个人的超强执行力只会让你在团队中显得非常不协调。所以团队合作的首要前提是找到价值观相同的成员，使团队成员的目标达成一致，并充分协同。团队合作的理想状态是当任何一个成员的执行出现问题的时候，其他成员可以伸出援手。而团队领导者的任务是从团队中来、到团队中去，确保每一个成员的执行力能够发挥到最佳。

随着社会的进步和经济水平的提高，女性的地位也正在提升。在团队合作中，女性完全有能力、有底气成为团队的领导者，她们出类拔萃，在自己擅长的领域对社会、对家庭做出了不凡的贡献。女性也应该完全有能力利用自己的领导天赋，充分发挥自己的才能。

作为一个领导者，第一步是组建团队。团队最好是由具有不同技能的成员组成，而领导者要做的就是使他们相互配合。

领导者可能会犯的一个最大的错误就是，组建一个仅仅反映其个人想法的团队。团队成员是具有不同技能的人，往往会有不同的想法或意见，因此领导者最好具备倾听的能力，充分听取核心团队成员的意见。

领导者的真正职责是让互不相同的人和要素协同配合，需要具备解决冲突的能力。要思考什么样的人搭配在一起能够产生最高的生产力，每个成员应该承担什么样的职责，在配合过程中领导者可以做些什么让他们发挥出最积极的作用。

一般而言，领导者有如下共同特点：

☐通识教育

☐创造力

☐无限的好奇心

☐无尽的热情

☐富有感染力的乐观精神

☐善于和他人合作

☐喜欢冒险

☐致力于长期发展而不是短期利润

☐追求卓越

☐强劲的适应能力

☐共情能力

☐真实坦诚

☐正直

☐有愿景

（3）行动的勇气。

我曾经和一个人力发展专家聊天，她说："在大企业里，有自己的想法并敢于行动的人要比能够快速适应大公司环境变化的人少得多。"

伟大的诗人歌德曾经说过一段话：在做出承诺之前，我们难免犹豫，也会考虑退缩。然而所有进取、创造性的行动都蕴含一个基本的真理，忽略这一真理将扼杀无数的创意与宏图大志——一旦决定开始行动，老天也会助你一臂之力。无论你做什么，或者梦想去做什么，开始去做吧。

有许多人能产生很多天马行空的想法，其中不乏伟大的点子，但是真的需要采取行动，去落地实践的时候，中间总是隔着一堵墙，难以逾越。每天想了很多，但是做得很少，或者没有毅力坚持。

以我自己为例，我能做那么多事情的核心就在于我的行动力。

我一旦有了写作的灵感，就马上动手写。当我在职业领域积累了一定的经验后，有出版社的编辑邀请我写一本营销方面的书。我一口答应了，虽然当时正值春节假期，但我抓紧时间，在春节期间每天早上六点开始写到晚上，平时就利用周末的空闲时间写。这样坚持了三个月，我就完成了第一本书的初稿。后来，第二本书的初稿只花了我两个月的时间。

2024 年，我的第三本书问世。之所以写这本书，是因为我在和一位导师聊天时，得知他十年前也写过一些关于营销管理的内容，但现在觉得已经过时了，需要加入数字化的元素，想找人合作重写。他知道我也喜欢写作，就跟我分享了这个想法。我欣然答应，并在一个月之内根据他的原稿，结合我在数字化营销方面的经验和观点，完成了提纲。就这样，我们在三个月内一起创作出了这本书。如果我没有这样的行动力，只是想写却不去做，我就无法完成这个看似不可能的任务。

女人在做事情时一定要对自己狠一点，不要给自己留任何退路，一旦决定去做，就要把所有精力都花在这件事上，克服困难，努力完成。

如果光有想法，没有行动，那么想法本身是没有价值的；如果想法有了行动的支持，那么它就具有无限的价值。人生的意义是由少数的事件塑造的，而这些少数的事件正是需要莫大的勇气才能达成的，这便是行动的重要性。

（4）效率为先。

"世界上只有两种物质：高效率和低效率；世界上只有两种人：高效率的人和低效率的人。"

高效率，包括高效率地沟通和高效率地做事。

高效率是讲究工作方法的，高效率的人不仅能快速行动，还能积极思考。

我们之前已经详细讲解过这个，它非常重要，应该多次复习并理解。

提高工作效率的方法有很多，但是在这里，我想给大家分享一种简单而有效的方法，就是每天做三件事：

第一件事是回顾并评估已经完成的工作。找出优点和缺点，选取有用和可以改善的地方，这对你制订接下来的工作计划很有帮助。

第二件事是制订当天的工作计划，并将计划事项按轻重缓急分类。明确什么是最优先要完成的，什么是次要的，什么是可以推迟的，并且给每个任务分配一个合理的时间段，不要太长也不要太短，要根据自己的实际情况和工作难度来确定。

第三件事是执行计划，并且坚持不拖延。在执行过程中，要避免干扰和分心，尽可能地集中精力在一件事上，直到完成。如果遇到困难或者不确定的地方，可以寻求同事或者领导的帮助，但不要因此而停滞不前。同时，要定期检查自己的进度和质量，看看是否符合预期，是否需要调整计划或者改进方法。

如果你能每天做好这三件事，你会发现你的工作效率会大大提高，工作成果会更加出色，工作压力会减轻，你的工作态度也会更加积极，你会更加自信。

如何改善拖延症

经常有女性朋友跟我说："我有拖延症，公司的事情哪怕很重要我都喜欢拖到最后一刻去解决，所以经常要加班加点。"

其实事情并没有多到无法处理的地步，只是有些人习惯性地把事情拖到最后一刻才去完成。结果事情越积越多，感觉什么都很重要，但是又什么都没做，于是越来越焦虑，焦虑反过来又降低了做事情的效率——这时候你的精力花在情绪内耗上了，没有用百分之百的精力去应对和完成事情本身。这就形成了一个恶性循环：拖延导致事情增多，事情增多加重了焦虑情绪，而焦虑又降低了工作效率，较低的工作效率导致事情完成的速度越来越慢，事情越积越多。

拖延症是当今社会很多人的通病，大部分人多多少少都有点拖延症。

事情越
积越多

做事情
越来越
慢

拖延症导
致的恶性
循环

焦虑情
绪

工作效
率降低

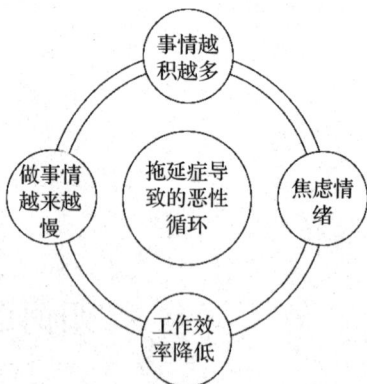

有朋友跟我说："你最大的问题是做事情太快，效率太高，完全不会拖延，这样会导致你需要承担的事情越来越多！"这可能也是大部分人患上拖延症的原因。他们想当然地认为：我要是没有拖延症，事情做得快，那么会有更多的事情落在我头上；反过来，如果我拖着慢慢做，说不定别人就帮我解决了。这个想法真是异想天开。成年人都要为自己的事情和行为负责，自己不去做事、解决问题，还能指望谁来帮你呢？有这种想法的人都不愿面对现实，而逃避现实是成功人生的障碍。

如果你没有侥幸心理，没有上述的想法，为什么还是会有拖延症？恐怕是因为你对某件事情或者某项任务抱着拒绝或恐惧的心态，对这件事情本能的拒绝或恐惧导致你无限拖延，直到最后一刻实在没有办法了才去完成任务。

比如领导让你做一个项目策划，你因为不知道从哪里获得好的思路，一时半会儿也想不出好的办法，于是你会通过无益的活动，比如在互联网上漫游，或者玩手机来消磨时间，这只会更加耽误时间。

那么，要如何解决拖延症的问题呢？我有几点建议。

第一，接受自己内心的抗拒或者恐惧。

如果领导派给你一项任务，你本能地抗拒（比如当天待办事项已经很多，没有时间做其他事情了），那么你可以和领导沟通，说明情况，询问是否可以延期。又如你怕事情完不成，或自己没有能力完成（这都是非常正常的情绪），你可以尝试坦然接纳自己内心的恐惧，并采取行动去缓解这种恐惧，比如就算害怕失败依旧去收集信息，制订计划；就算害怕在众人面前出丑，也要硬着头皮上台演讲，提前做好充足的准备工作。等到你真的开展工作的时候，你会发现其实事情没有想象中那么难、那么让你感到恐惧，完全是自己吓自己！

第二，制订详细的计划表，严格执行。

详细的计划表应该明确从几点到几点具体做什么。建议提前一点时间作为提交任务的最后期限，给自己一定的缓冲时间，以预防各种突发情况。

我遇到过这种情况，领导原本规定亚太地区的数字营销方案周五交，但是全球首席执行官临时提出要看方案、了解情况，那么我如果提前准备好方案就可以交上去，能更加游刃有余地应对突发情况。

同时，你应该及时清理待解决的各种任务。有些任务只需要1—

2分钟就能做好，利用碎片时间及时完成，不要让它一直待在你的待办清单里，导致你的清单越来越长。你的目标很简单，就是让你的待办清单越来越短。

第三，学会奖励自己。

在你克服了拖延症后，应当适当奖励自己。每一项具体事务的按期解决都可以奖励自己，比如完成1小时的写作后，奖励自己喝杯咖啡；完成孩子本周的学习任务安排后，奖励自己看10分钟视频。但是要控制自己，不能沉迷其中。身体需要休息，也需要适当地放松，这些短暂的休憩能帮助你积蓄更充沛的能量以应对生活中的各种挑战。

如果你按照上述建议实施，"效率为先"的良性循环应该是什么样的呢？

首先，你会思考自己想要什么、可完成的目标是什么；然后，开始有目的性的行动，在行动之前制订计划。厉害的人都是做计划的高手，他们乐于做计划，善于做计划。做计划的好处是让你更好地管理自己的精力，不会被一些无意义的会议或者闲聊浪费时间。

执行力其实考验的是设定目标、制订计划、团队合作、积极思考和行动的能力。执行力不是一朝一夕练就的，要靠平时的深度思考和积极的人生态度。

第五章

培养毅力

调好生物钟：早睡早起

成功人士大都有一个习惯，就是早起。

我在一家德国的跨国公司亚太区总部上海工作，有一位营销副总裁是美国人，他的办公室在纽约，他喜欢把会议安排在纽约的上午。由于我们和美国有 12 小时的时差，通常开跨国会议都需要一方放弃休息时间，来配合另一方的工作时间。

有一次会议安排在北京时间下午 5 点，也就是美国纽约的早上 5 点，我半开玩笑地对这位神采奕奕的营销副总裁说："你真是成功人士啊，一般成功人士只睡 5—6 小时，而普通人一般要睡 7—8 小时。"他笑着说："其实我不是那种睡 5—6 小时就能恢复精力的人，我一天要睡 7—8 小时，和大家一样。我的秘诀就是前一天晚上早点睡觉。"

我已经养成了每天晚上10点睡觉，第二天早上6点起床的习惯，保证8小时的睡眠。上午精力很好，可以高效专注地做一些需要深度思考的工作，比如梳理项目、写作、思考未来规划等；下午做一些相对简单的事情，比如回复邮件、开简短的工作会议、整理文件、处理一些行政事务。

每天早上，我都会抽出一些时间来阅读或听音频资料。我在清晨思维最为敏捷时阅读，这有助于深入思考，也有利于锻炼我的思维能力，提高我的阅读效率。午休时，我进行1小时的运动来为下午的工作充电。运动会产生内啡肽。内啡肽是一种有益的、正向的、激励性的、让大脑兴奋的物质，可以让人快乐和满足，减少压力和不快。

运动能让我下午保持思维敏捷、精力旺盛，有充沛的体力和心情去应对各种事务，而且能给我的同事传递正面的影响，激励他们努力工作。

我的朋友Z女士说她很难改变习惯，手机刷着刷着就已经很晚了，每天都要到凌晨两点才睡觉。这样的年轻人不在少数。朝九晚五的上班族如果凌晨才睡觉，那么第二天肯定精力不够用。即使睡够了8小时，睡眠质量也不如早睡早起的人好。时间久了，睡眠质量的差异会越来越明显，对于精力和精神状态的影响更是不可小觑。

培养毅力，可以从养成良好的睡眠习惯开始，早睡早起，让生物钟运转保持在最好的状态，使自己体力和精力充沛。这不管是对于工作还是学习都非常重要，特别是要想在职场上得到提升，首先就要有好的身体，要有活力。

成功人士大都习惯早起，因为早上最有利于思考，是工作效率最高的时候。世界上最成功的投资家巴菲特每天早上 5 点就起床，员工还没到公司的时候，他已经吃完早餐，浏览了当天的重要新闻，并处理完当天的重要任务。

总而言之，早起的人拥有比其他人更多的时间，可以用来学习、工作，或者做自己喜欢的事情。他们不会因为睡懒觉而错过一天的黄金时间，也不会因为赶时间而匆忙应付工作中的各种事务。他们可以提前准备好自己的计划，安排好自己的任务，用积极的心态去迎接每一天的挑战。

早起的人，也更容易养成良好的工作习惯，比如坚持、专注、创新等。他们不会因为精力不足而拖延，也不会因为杂事干扰而分心。他们可以用高效的方式完成自己的工作，也更愿意尝试新的东西，寻找新的方法，创造新的价值。他们是工作中的佼佼者，也是生活中的进取者。

早起的人，更能享受生活的美好，享受阳光、清新的空气、美丽的风景等。他们不会因为睡过头而错过早晨的活力，也不会因为睡得太晚而影响第二天的状态。他们可以用清爽的感觉开始一天，用满足的微笑结束一天。他们也有更多时间和精力去关心自己的身体、家庭、朋友和社会。他们是生活中的幸福者，也是人生的成功者。

早起的人，是有着强大毅力的人，他们用自己的行动证明了一个简单的道理：早起，就是一种成功的开始。如果你连早睡早起都做不到，那么扪心自问，你在其他更困难、更需要克服障碍的事情上又谈何毅力呢？

用商业思维对待生活：长期主义

《长期主义：关注短期业绩，更要投资长期增长》这本书，是我所在的一家世界500强企业的前首席执行官写的，他在书中生动地阐述了自己秉持长期主义思维，带领一家公司从濒临破产的边缘突出重围，扭亏为盈，最终成为世界500强的卓越经历。他不但注重短期企业业绩、股东当下的投资回报和股票市盈率，而且能站在更高的视角，考虑企业长期发展和人文主义的目标，制定战略，最后带领团队走出困境，回到发展之巅。这是一项非常了不起的成就。

再比如著名投资家沃伦·巴菲特，他以长期投资著称，强调选择具有持久竞争优势的公司进行投资，并耐心持有。他的投资策略是并不追求短期的盈利，而是通过长期持有优质资产，获得复利效应，从而实现巨大的财富增长。

此外，还有运动员姚明，他在篮球领域的成功不仅依赖于天赋，还依赖于他日复一日的训练和坚持。他不仅在赛场上表现出色，还积极推动篮球运动在全球的普及和发展，成为一代篮球传奇人物。

这些案例都展示了长期主义的重要性，说明了面对瞬息万变的社会环境，坚持长期主义有助于实现个人和事业的长远目标。

在工作和生活中，我们常常会遇到一些短期回报的诱惑，想要抗拒这些诱惑并不容易。就拿我们身边最普通的事情来说，美食摆在眼前，是不是不吃觉得对不起自己，吃了又害怕会长胖？最近有一部剧播出了，据说很好看，是不是忍不住要去追剧？每个人每天都要应对各种诱惑，很多事情短期内做了是开心的，但长期来看只会浪费你的时间和精力，对你毫无益处。

节制是成功的关键，短期看来对自己有利的选择，从长远的角度看不一定会有好处。我们也不是主张完全禁止看电视、吃美食，而是在面对任何一个选择的时候，都要从更加长远的角度去评估这件事情的价值以及你应该花多少时间去做，你这么做的目的是什么。

我的一些朋友认为人生不用想那么多，应该顺其自然，躺平就好。这个观点乍看并没有什么问题，顺应自己的想法，生活会更加舒服，这样的人生不是很快乐吗？但问题是，当你看了一天网剧之后，你会不会感到更加虚无，觉得曾经的梦想又被遗忘了，而更重要的工作也没有完成？

斯坦福大学成瘾医学教授安娜·伦布克在她的《成瘾：在放纵中寻找平衡》一书中提出：神经科学领域最重要的发现之一，就是大脑中处理快乐和痛苦的区域是相同的，并且大脑会努力维持快乐和痛苦的平衡。每当这个天平向一侧倾斜时，大脑就会在另一侧施加压力，竭力恢复平衡，神经学家称之为"内稳态"。多巴胺被释放后，大脑会相应地减少或下调被刺激的多巴胺受体的数量，从而导致快乐—痛苦的天平向痛苦端倾斜，以恢复平衡，所以我们常常会在快乐之后产生宿醉感或失落感。而当你想要获得更大快乐的时候，就要用更强烈的刺激去让大脑释放多巴胺，才能产生跟以前同样的快乐，但因为"快乐—痛苦天平"的存在，又会产生更大的痛苦。

比如，你如何应对糖分的诱惑？吃一块巧克力蛋糕会让你暂时满足，但是吃完后你又会懊悔，于是你开始折磨自己，精神内耗。如果你在吃蛋糕、看爽剧之前，能够考虑一下长远的影响，吃完后会造成什么后果，看剧对你的成长有没有益处，会不会占用学习和工作的时间，你做出的决策可能就会截然不同。这些表面看上去只是缺乏毅力的事情，实际上都是缺乏长期主义思维的体现。

通常，那些能够立刻带来愉悦的事物从长远来看可能不利于成长。经常吃甜食可能导致血糖升高，增加患糖尿病的风险；沉迷于游戏或社交媒体，导致浪费了宝贵的时间和精力，错过学习和成长的机会；过度饮酒或吸烟，虽然暂时可以缓解压力和焦虑，但是对身体健康有严重的影响，增加了患病的风险；贪图享受，随便花钱，没有节制地购买不必要的物品，可能会导致债务累积，损害自己的财务状况和信用，无法实现长远的财富目标；为了避免冲突而随波逐流，说别人想听的话，而不是表达自己的真实想法，可能会失去自己的个性，无法建立真诚和稳固的关系；对待工作或学习敷衍了事，只求达到最低要求，而不是努力提高自己的能力和水平，可能会失去竞争力和优势，错过更好的发展机会。

我们生活在一个充满不确定性的社会，科技变化之快让人震惊，未来变得越来越难以预测。如果没有长期主义的思维，缺乏信仰和坚持，你可能随时会因为社会环境的变化而轻易放弃你的努力方向，最后的结果就是做了各种尝试，但是各个方向上的努力都没有成果，一无所获。

长期主义就是利用时间的复利效应，坚持做正确而艰难的事情，这并非易事。

不要低估"量变"的重要性

　　10000 小时定律指出：要在任何一个领域成为专家，需要投入至少 10000 小时进行专业实践。也就是说，若每天工作 8 小时，每周工作 5 天，需要 5 年的时间。有位专栏作家叫托马斯·普约，他创作了很多文章，其中有一篇叫《如何创作杰作》，里面的观点我深以为然。在这篇文章里，作者做了大量的案例研究，分析好的作品到底是怎么产生的。

　　他的文章里提到了一个关键发现：优秀作品的产生，其实并不随机。也就是说，只要你一直创作，大概率就会创作出优秀的作品。这句话乍听像是心灵鸡汤，但是在这篇文章中他有两个扎实的证据来支撑他的观点，其中一个就是"放弃者偏差"。

大家可能听说过"幸存者偏差"，"幸存者偏差"指的是当取得资讯的渠道仅来自幸存者时，此资讯可能会与实际情况存在偏差。那么，什么是"放弃者偏差"呢？

"放弃者偏差"和"幸存者偏差"相反。比如创作这件事，为什么你觉得创作出好的作品是一件很难的事情？很大程度上，是因为总有人告诉你，坚持了一辈子，也没搞出什么名堂，能够搞出名堂、创作出杰作的毕竟是少数。于是你放弃了。你的信息是从放弃者那里获得的，与实际情况有偏差。

实际情况又是怎么样的呢？根据约普的研究，不管是绘画、音乐、文学还是技术研究，真正坚持了一辈子而没有任何杰出作品的人，是极少数。

绝大多数人之所以没有出色的作品，主要是因为他们自己放弃了。在创作这件事情上，很多人的心态都是尝试一把，顶多两三回，失败之后就认定自己没有才华，早早放弃了，这样的人占绝大多数，所以他们没有创作出成功的、有名的作品。这就给人造成一种错觉：好像很多人努力了一辈子，也没有好作品，能创作出杰出作品的只是少数。他们预设了不成功的前提，然后就这样放弃了。这就是所谓的"放弃者偏差"。

你能坚持，就一定要坚持下去。其实这世界上很多事情都是如此，比如创业，创业的本质就是可能努力了 100 次，有 99 次都是失败的，只有 1 次会成功，但绝大多数人在失败了几次后就放弃了，也就产生了放弃者偏差。实际上，能够坚持创业多次还不成功的人是极少数的，因为他们努力的次数够多，尝试的基数够大，所以我们能看到持续努力的创业者相对更容易获得成功。

一是要坚持到最后。大多数人还没坚持就放弃了，所以也就没有获得成功。二是要关注作品的数量和尝试的次数，量变引起质变。一个演员靠一两部戏一炮而红那是小概率事件，比如著名演员黄渤，我们只知道他靠《疯狂的石头》一举成名，我们只关注他成名后的电影作品，但其实他在成名前演了无数的小角色；又比如张颂文在电视剧《狂飙》播出后大受欢迎，无数人被他的演技打动，他也因此迎来了事业的巅峰，此时张颂文已经 47 岁，处于演员职业生涯的后半程，而在此之前他同样出演了电视剧中诸多不知名的角色。

职场中有许多量变引起质变的案例。例如，一名初级程序员在刚入职时可能只负责一些简单的代码编写和调试工作。然而，通过不断学习和实践，这名程序员积累了大量的项目经验，逐渐掌握了更复杂的编程技术，最终成长为一名高级工程师，甚至是技术主管。

再比如，一位普通的销售人员，通过每天坚持拜访客户、了解客户需求、积累销售技巧和经验，逐渐从一个销售新手成长为公司的销售冠军。同时，这些量的积累也让他对市场有了更深的理解，使他能够制定更有效的销售策略，带领团队实现更高的销售目标，逐渐成长为销售管理者。

类似地，一名科研人员通过不断地进行实验和数据分析，逐渐在某一领域积累了大量研究成果和经验，最终在学术界取得了显著的成就，成为该领域的专家。

这些例子充分说明，量的积累是质变的基础，通过不断地努力和实践，最终会迎来质的飞跃。

女性要坚持做困难而正确的事情

在我的第二本新书发布之际，我受邀为自己所任职企业的头马俱乐部（Toastmasters International）的成员做了一次分享。头马俱乐部是一个遍布全球的非营利教育组织，致力于通过其世界各地的俱乐部提供公众演说和领导力培训。这个组织总部设在科罗拉多州的恩格尔伍德，在 143 个国家拥有超过 16800 个分部和 358000 名成员。

我所任职的企业也设有这个俱乐部的分部，成员们都很积极、热情，他们喜欢思考和分享，利用工作时间积极开展各种活动。当俱乐部主席邀请我做分享时，我很高兴地同意了。按照惯例，每次分享的成员都要说一句箴言送给现场的听众，我当时说的是："坚持做困难而正确的事情。"俱乐部主席很认同这个观点，她表示这正是成员们需要了解的内容。

我在演讲中除了介绍新书中的专业内容，还讲述了我从第一本书到第二本书的创作过程，大家都惊叹于我一年出一本书的高效率。当然，我也承认出书需要付出很多努力，而且新书出版的过程很漫长，从确定主题、提纲、初稿，到出版社的三审三校、申请书号、设计封面、确定书名、找专家写推荐语，等等，大约要花一年的时间才能完成一本书的出版，有时甚至需要更长时间。

为了回应俱乐部主席和成员们的期待，我还给大家举了一些我身边的朋友和同事的例子，他们都是通过坚持做困难而正确的事情，获得了成功和成长的人。

——我有个朋友是科学研究员，他从事癌症药物的开发工作。这是一项非常艰巨的任务，需要长时间的实验和验证，而且结果往往不尽如人意。但他从不放弃，他说他对自己的工作有信心，也相信总有一天能找到有效的治疗方法。他用十几年的时间，终于发现了一种新的抗癌分子，并申请了专利，为癌症治疗提供了新的解决方案。

——我有个朋友一直想提高自己的英语水平，但是她没有机会出国留学或者工作，她只能在国内自学。她坚持每天听英语广播，读英文报纸，背单词，写日记，参加各种线上线下的交流活动。她说她知道这样的学习方式很枯燥，也很难看到效果，但她从不气馁。她说她喜欢英语，也享受学习的过程。她用几年的时间，将自己的英语水平从四级提升到了八级，还考过了雅思和托福，她的英语口语和写作都非常好，让人佩服。

——我有个同事是项目经理，他负责一个重要的客户项目。该项目涉及多个部门的合作，非常复杂，而且进度很紧。他每天要跟客户沟通需求，跟团队协调任务，跟领导汇报进展，还要解决各种突发的问题。他说他经常加班到深夜，还要早起参加客户的会议，他感觉压力很大，也很累。但他从不抱怨，他认为这是一个良好的锻炼机会，也是一个展示自己能力的机会。他用几个月时间成功地完成了项目的交付，得到了客户和领导的高度评价，也为公司创造了很大的价值。

这些与听众距离更近、能让听众产生共鸣的真实故事，比那些伟大人物的故事更有感染力。

我们都是普通人，但是每个人都可以利用时间的力量，也应该去体验时间带来的正面效果。任何困难，通过你日积月累的努力，水滴石穿，绳锯木断，都可以解决。时间会放大长期坚持和不懈努力的结果。

巴菲特99%的财富是在50岁之后赚来的。在50岁之前，他积累的财富只占他一生财富的1%，这说明了时间复利的重要性。

池塘里种满了荷花，荷花第一天开一朵，第二天开两朵，第三天开四朵，第四天开八朵……以此类推，每天荷花开放的数量都是前一天的两倍，第30天的时候刚好开满整个池塘，那么在第几天的时候荷花刚好开满半个池塘呢？是第15天吗？不对，应该是临近尾声的第29天，从开满半个池塘到开满整个池塘，只需要一天的时间。这就是"荷花效应"，也叫"30 天定律"。

"荷花效应"告诉我们：坚持做一件事情，并不是等你完全准备好了才开始，而是当你下定决心要做的时候，就应该去做。即使你不知道成功的方法是什么，你选择开始做，边做边学，你会发现你最终就能成功。拼到最后，靠的往往不是运气和聪明才智，而是毅力。培养毅力需要秉承长期主义的思维，在前期并不能马上看到理想效果的情况下，不放弃，继续坚持，终有一天，就能体会到"厚积薄发"的力量。

我认识一些自己创业的女性朋友，她们为什么创业呢？她们中大多数都表示是因为没有其他更好的选择，而不是真的想清楚了，也许是因为被公司裁员，或是因为找不到理想的工作，于是只能创业。在创业的过程中，她们摸索出了一条适合自己的路，而且做得还不错。创业这件事情很复杂，需要下定极大的决心，要面对很大的不确定性，并且没有成功的方法可以模仿，只能边做边摸索，还要面对随时可能失败的风险。一位女性 CEO 曾表示：创业需要极大的体力、脑力和心力。而心力就是面对任何困难，能接受自己的不足，且依旧相信自己，承受压力，坚持下去的能力。

坚持做困难且正确的事情，需要有勇气和信念，要不畏惧失败和挫折，相信自己的努力会有回报。

一名运动员在一次比赛中受了重伤，医生告诉她，她可能再也无法恢复正常的运动能力了。她非常痛苦，觉得自己的梦想破灭了。但是她没有放弃，她决定尽自己的努力去康复，每天按时做物理治疗，做一些适度的锻炼。渐渐地，她的身体机能开始恢复，她重新开始训练。虽然过程非常艰难，但是她没有退缩。最终，她又站上了赛场，为自己和国家赢得了荣誉。

一位环保人士在一次考察中发现了一片被污染的湿地，里面的动植物都受到了严重的威胁。她决定采取行动，保护这片湿地。她向当地政府和媒体反映了这个问题，希望能够得到支持和帮助。但是她遭到了很多阻挠和嘲笑，因为那片湿地是附近一家工厂的废水排放口，而那家工厂是当地的经济支柱，很多人都不想得罪他们，但她没有被吓倒，继续收集证据，发动民众，甚至向法院提起诉讼，经过多年的努力，终于成功地保护了这片湿地，让它重现生机。

成功是建立在坚持和重复之上的。当我们持续致力于一项任务时，最初可能会被旁人嘲笑，因为他们认为你要么达不成目标，要么仅仅是在做无谓的坚持，这在他们眼中显得很可笑。但是有无数成功的案例向我们证明了坚持的价值。

勇气的力量：比别人多走一步

　　一队人在沙漠中寻找水源，有了水源，他们才能活下来。沙漠的环境非常恶劣，他们走了大半天都没有遇到水源。天气又干又热，长时间的行走让他们非常疲劳，有几个人实在走不动了，于是他们打算放弃。只有一个人没有选择放弃，他拼尽最后的力气继续向前走，终于找到了水源。他得救了。

　　大多数人选择放弃时，可能只需再坚持一步就会成功。正是这一步决定了成败。

　　2016 年，我刚做母亲不久，为了寻求更好的职业发展机会，从原来的公司跳槽到另外一家 500 强企业。没想到进入新公司没多久，我又意外怀上了第二个孩子。当时还在试用期，如果怀孕的话，很可能被公司辞退，但我经过深思熟虑，还是决定留下这个孩子，接受生命的安排。

在怀孕的前 5 个月，我没有放松工作，坐飞机出差是常态。怀孕 9 个月时，我负责接待了来中国访问的全球首席营销官和她的团队，为他们安排了两周的行程。在一个下着倾盆大雨的早上，我开车去机场迎接这位首席营销官，并陪同她拜访了合作伙伴京东、途虎和其他重要客户，帮助她了解了中国市场的业务情况。

我的做法打动了首席营销官，给她留下了很好的印象。最后我圆满完成了接待任务，也平安生下了第二个孩子。

这件事情让我明白，有时候事情并不像我想的那么困难，我比我想象的更独立、勇敢，更能承担责任。

你只要比别人多努力一点，多承担一些，就会有所收获。你所付出的这些努力最终会成倍地回报你，让你获得成功和幸福。

在第二个孩子降生后不久，我所在的这家美资企业被收购了，那段时间组织架构非常动荡，很多人才因为这个高层战略性的决定而选择了离开。这时恰好有一家德资 100 强企业对我抛出了橄榄枝，通过 5 轮面试后，我成功拿到了这家德资企业的邀约，所承担的工作职责范围也变得更广。在决定换工作的时候，我犹豫了很久，一是因为孩子还小，晚上经常会醒，需要照料，这导致我经常睡不好；二是新公司的组织文化和行业都跟以前不同，工作范围又扩大了，所以需要有极强的适应能力；三是我还在哺乳期，白天上班的时候必须抽出时间挤奶，而新工作却要求我马上能够上手，很好地履行职责，为企业创造效益。但经过一番深思熟虑后，我还是决定换工作。

那段时间非常艰辛，但最终我顺利融入新的项目和团队，并收获了最佳员工奖。同时，宝宝在我的照顾下也健康成长。一样都没有落下。

有一次，我去印度出差，那时我还在哺乳期。当过母亲的都知道，如果过段时间不排出奶水就会涨奶。我不得不在开会的时候跑出来，结果发现印度分公司没有母婴室，我只能在洗手间挤奶。这次出差，我把宝宝的母乳给断了。

我既要应对涨奶和断奶的困难，又要和同事一起出色地完成工作。我没有告诉他们我的情况，到最后他们也不知道我还在哺乳喂养期，也不知道我当时其实很不方便。

我不想表现得像一个弱者，需要别人特别关照，我希望能自己解决困难。有一些长辈告诉我，职场中要适当学会示弱，可我不那样认为，因为如果你在某些情况下表现脆弱，那么在需要争取利益的时候或许就得不到公平的待遇。所以，我要大胆地去争取自己应得的。

我完全可以和同事说明我的情况，可以选择不去出差，但这次出差是探讨一款全球著名的客户关系管理软件在数字化营销上的应用和实施方案，是至关重要的数字技术会议，也是极好的学习机会，所以我不想放弃这个机会。事实证明，我的坚持是对的。

女性要学会从废墟中重建自我

哺乳、断奶、护理婴儿，新手母亲必须应对这些烦琐的事务，还有可能要处理因为照顾不周全而产生的内疚和自责等消极情绪以及婆媳问题，只有经历过的职场母亲才能体会这有多难。

做好一件事就很不容易，更不用说家庭和事业两头兼顾了。我事后回顾那段"职场妈妈"的岁月：我适应了新工作，提高了工作能力，增长了见识。既然这样的艰辛都挺过来了，以后还有什么困难是不能克服的呢？

我的朋友 C 女士 40 岁就担任了某公司亚太区合规副总裁的职务。她很成功，不仅有很好的工作，备受尊重，还有幸福的家庭。在这样安稳又富足的情况下，她却因为公司组织架构的变化而失去了工作，从高位上跌落下来，同时她还发现丈夫出轨，女儿情绪极其不稳定，早恋，两次闹自杀。面对事业的变化，面对婚姻和家庭的危机，面对人生的至暗时刻，面对一夜之间被摧毁成废墟的人生，她没有一蹶不振，而是坚强地在废墟上站立起来。后来，我问她过得怎么样，她说："最近大环境不太好，还没找到好工作，但是我成功加入了一家初创的律师事务所，给他们提供审计咨询服务。我也勇敢地结束了婚姻，自己承担起抚养女儿的责任，虽然她情绪还不是很稳定，但是已经好转不少。现在我还在学芭蕾呢。"她给我发了一张她跳芭蕾的照片，照片上她汗水淋漓，神情愉悦，整个人看起来充满活力，状态很好，与当时遭受重创的她判若两人。

谁都有遭遇困难的时候，但不是每个人都有在废墟上重建自我的能力。这个能力不是天生的，而是要靠后天培养的。高手的厉害之处就在于他总是会比别人多努力一点，在面对逆境的时候仍然可以保持积极的态度，从失败中重塑自己，赋予自己新的生命。

女性要建立起自我觉察的意识

人生有高低起伏，能否摆脱低潮决定了你是否能掌握自己的命运。

低潮期往往是我们不想回忆的至暗时刻。但其实我们很有必要思考这段经历给我们带来了什么，思考自己是依靠什么样的坚强毅力走出来的，自己从这段经历中收获了什么，学习了什么。

我的一位朋友 M 女士，她在生完二胎不久也遭遇了事业上的挫折：因为公司人事变动和人际关系方面的一些问题，她的工作压力极大，再加上要照顾年幼的二宝，晚上睡不好觉，有段时间情绪低落甚至到了抑郁的地步。她向我倾诉：以前的她业余时间喜欢逛街买衣服，爱研究化妆和穿搭来消遣，那段时间却对这些也失去了兴趣，而且工作经常不在状态，注意力不容易集中，经常遗漏一些关键细节，效率也不高。这样过了两周后，她告诉自己，不能再这样悲观消极了，必须振作起来，还有漫长的人生路要走，还有两个小孩需要她养育，必须采取行动让自己的状态再次提升起来。

她花了一段时间思考与复盘，逐步提高了自我觉察能力，学会了如何真实地感知自己的情绪状态，并学会了接受它；接着她开始运动，改善身体状况，学会冥想，让自己放松，内心保持平静。此外，她还创建了自己的抖音号，开始分享一些有价值的职业发展相关的视频内容。

后来她跟我说，那种感觉就像发现了另一个自我，一个更积极、更健康的自我。她的视频内容慢慢得到了越来越多的正面反馈和认可，受到鼓舞的她制作了更多内容，粉丝也越来越多，甚至还收到了广告合作的邀请。由此，她的副业也成为她走出低谷、开启新人生的工具。

2021年5月，我陪她去苏州天平山。她当时心情很不好，所以我想让她爬爬山。她虽然答应了，但是整个过程都郁郁寡欢，怎么也高兴不起来。

两年后，她主动邀请我再次去天平山。我们走在同样的路上，但是她的心态和两年前完全不一样了。她对我说："我还记得两年前来过这里，但那时的心情和现在迥然不同。我靠自己的意志力和积极的态度成功地摆脱了消沉，感激这段经历让我成熟了，也感谢你一直在我身边，我的挚友。"听到她这样说，我很高兴她能够走出阴霾，我也为能够帮助朋友而感到温暖。也许不是每个女人都能在困难的时候有挚友的陪伴，但是可以寻求身边亲人的支持。

她的故事让我深受感动，也让我开始思考一个问题：如何建立自我觉察意识？

自我觉察是一种非常重要的能力，它可以帮助我们认识自己的优点和缺点，了解自己的情绪和需求，发现自己的潜能和价值，以及调整自己的行为和态度。有了自我觉察意识，我们能够更好地面对生活中的各种困难和挑战，也能够更加积极地为实现自己的目标和理想而努力。

那么，如何建立自我觉察意识呢？

我认为，有以下几种方法：

——定期进行自我反思，回顾自己的经历和感受，分析自己的成就和失败，评估自己的优势和劣势，找出自己的强项和弱点，制订自己的改进计划。

——多听取他人的意见和建议，特别是那些对我们有帮助和影响的人，比如家人、朋友、同事、导师等，了解他们对我们的看法和评价，学习他们的经验和智慧，接受他们的赞扬和批评，拓宽视野，增长见识。

——勇于尝试新的事物，勇于接受挑战，不要局限于自己的舒适区，不要害怕失败和错误，而要把它们当作学习和成长的机会，通过不断实践和摸索，发现自己的兴趣所在，提升各方面的能力，培养自信和自尊。

——保持开放和好奇的心态，不要给自己和他人打上固定的标签，而要持续地观察和探索，寻找自己和他人的优点和闪光点，学习他人优秀的品质和行为，培养多元和包容的心态。

—— 注重自我关爱和自我呵护，不要忽视自己的身心健康，而要定期检查自己的身体、关注自己的情绪，给自己一些放松和休息的时间，做一些让自己开心和舒服的事情，比如运动、读书、听音乐、旅行等，给自己一些积极的肯定和鼓励，提高自己的幸福感和满足感。

总之，女性建立自我觉察意识是一个持续的过程，需要我们不断地学习和实践，也需要我们有足够的耐心和勇气。只有这样，我们才能真正地认识自己，发展自己，超越自己，成为更好的自己。

看起来糟糕的事情，结果可能是好的

回顾我40岁之前的生命历程：失败过，痛苦过，彷徨过，开心过，也学会了接受生活带来的各种意外和惊喜。我发现一个很有意思的规律：当下可能极其糟糕的事情，结果可能却是最好的。

我的人生中有好几次这样的经历。

我刚毕业时，通过一个朋友的介绍进了一家广告公司做实习生，而当时我的同学有的去了外资银行，有的去了大型外企，有的去了四大会计师事务所，跟他们比起来，我的工作显得不值一提。不过，经过十几年职场的风雨历程，我还要感激刚毕业那几年在广告公司的基础工作让我打下了扎实的基础。

35岁的时候，我成为一家跨国公司的营销经理。在职场中，除了要完成自己的本职工作，还要应对很多人际关系问题。那时的我遭遇了一些困难，心情压抑了很久。在一个朋友的支持下，我开始做自媒体。起初，我通过创作来摆脱不开心的事，并寻找新的机会。这个过程让我找到了新的方向，不仅在三年内出版了三本书，还负责公司重要的数字化转型项目并成功落地，做出成绩。从各个方面来看，我都不算突出。在企业中负责管理的人很多，跨领域写书的管理者也不少，而且他们的书卖得比我的还要好，但我在 40 岁前连续三年完成了三本书的创作，这是对我职业生涯的一种交代。我不和别人比较，只和自己较量：我到底追求什么？是否努力让自己变得更好？

我开始思考，如果没有那些困难，我是否会想到写书。现在回想，原本最困顿的情境，却造就了如今的我。

我有特别好的文笔和写作能力吗？我记得从小到大，我的语文成绩一般，作文也没有什么特点。写作一直以来并非我的强项。但有的时候，要实现好的结果，并不需要你有多好的天分和运气，而只需要一个可以让事情变好的契机。对我来说，契机就是我在职场上遇到的人际关系的挑战，当我试图去改变的时候，事情就已经朝着好的方向发展了。

我的朋友 Z 女士曾经是一名优秀的会计师，工作稳定、收入高，但她却很无聊。她觉得自己没有什么创造力和激情，每天就是重复同样的事情。有一次，她被公司派去非洲参加一个公益项目。一开始，她对公司的这个外派工作很不喜欢。但她到了那里发现，那里的人民虽然生活贫困，但很快乐，也很热情。她在那里遇到了很多志同道合的朋友，也学习了当地的语言和文化。她开始对非洲的历史和艺术产生了浓厚的兴趣，她决定辞掉自己的工作，留在非洲，成为一名自由撰稿人，专门写关于非洲的故事。她的文章受到了很多媒体和读者的欢迎，她也收获了幸福和成就感。

我们经常听到一句话——塞翁失马，焉知非福。这句话的意思是，有时候我们遇到的不幸的事情，可能会反过来给我们带来好运。就像前面讲的两个故事，我和我的朋友 Z 都是因为遇到了一些困难和挫折，才找到了自己的兴趣和目标，改变了自己的人生轨迹。当然，这并不是说我们应该去寻找困难或者忽视困难，而是说我们应该用一种积极的态度去面对困难，找到解决方法，从中学习和成长，寻找机会和希望。

有一个心理学实验叫"对比效应"。它的意思是，人们对一件事情的感受，往往会受到之前发生的事情的影响。比如，如果你在一家很差的餐厅吃了一顿饭，那么你在下一家稍微好一点的餐厅吃饭时，就会觉得这家餐厅的饭菜很美味，很满意。但是如果你先在一家很好的餐厅吃了一顿饭，再去前面提到的那家稍好的餐厅吃饭，你就会觉得第二家餐厅很一般，很失望。这就是对比效应。它告诉我们，人们对事物的评价不是绝对的，而是相对的，它取决于我们的参照物。

那我们可以利用这个原理来提升自己的幸福感吗？答案是肯定的。我们可以通过调整我们的期望和标准，来改变我们对事情的看法。比如，当我们遇到一些不顺心的事情的时候，我们可以想一想，有没有更糟糕的情况，有没有更不幸的人。当我们把自己和那些更糟糕的情况、更不幸的人相比较的时候，我们就会觉得自己其实过得还不错，还有很多值得感恩和珍惜的东西。这样，我们就可以从消极的情绪中走出来，找到积极的动力，去改善自己的处境。

反过来，当我们遇到一些顺心的事情的时候，我们可以想一想，有没有更好的可能性，有没有更优秀的人。当我们把自己和那些更好的可能性、更优秀的人相比较的时候，我们就会觉得自己还有很多不足，还有很多需要努力和进步的地方。这样，我们就可以避免自满和骄傲，保持谦虚和学习的心态，去追求更高的目标。

通过这样的对比，我们就可以在任何情况下都找到合适的参照物，来调整自己的心态，让自己的幸福感增加，让自己不过于自满，让自己的人生更有意义。当然，这并不是说我们应该忽视自己的真实感受，或者放弃自己的理想，而是说我们应该用一种更宽广的视角来看待自己和周围的世界，从中发现更多的可能性和机会。

所以，当下最坏的事情，可能是最好的结果。这并不是一种悲观的思想，而是一种乐观的智慧。它让我们明白，生活中没有绝对的好与坏，只有相对的好与坏。我们可以通过改变自己的态度和行为，来改变自己的命运和未来。我们可以抓住每一个机会，来创造更美好的生活。

走出低谷靠坚持

有本心理学畅销书《少有人走的路》，第一句话就给我留下了深刻的印象，这句话是："人生苦难重重。"但是书中也提到：解决人生问题的关键在于自律。人若缺少自律，就不可能解决任何问题。

我的朋友 M 摆脱阴霾所使用的方法是：阅读＋运动＋创作。这每一项都需要自律，要懂得约束自己，给自己制订计划，并按照计划一丝不苟地执行。这些需要自律的行为通常很难在短时间内看到明显的效果，但只要坚持做下去，就一定会有成果。

从困境中获得的经验比困境本身更有价值，也更为高尚、更难得，超越了单纯的享乐。这种深层次的快乐需要我们承受前期的痛苦和付出努力，越不容易得到的东西就越珍贵。女性需要锻炼强大的自律力，去追求这些"高尚的快乐"。

瑜伽是帮我渡过难关的运动之一。虽然我因为身体不够柔软，不擅长瑜伽，拉伸时会觉得腿部肌肉很酸，每次练到一半就想放弃。但脑子会告诉我，要坚持住，再多练练。没有足够的核心力量让我感到挑战，但这反而鼓励我花更多时间练习。锻炼后我精力充沛，多巴胺带来的快乐感令我工作时不再疲倦，幸福感大幅提升。

很多人练瑜伽往往只坚持了一段时间就放弃了，有的是因为太忙没有时间，有的是忍受不了疼痛、怕受伤，能坚持训练几年的人非常少。其实只要保持自律，每天只花几十分钟，或者每周花几小时，长期坚持下去，你就能获得意想不到的快乐和能量。

在一次香港大学中国商业学院的年度晚宴上，我认识了一位事业有成、家庭幸福的美女总裁 Z，当时她也担任香港大学的客座讲师，同样身为香港大学客座讲师的我因此有幸和她在晚宴上同桌，我们一见如故，后来成了很好的朋友。她年过四十，除了是一家基金管理公司的总经理，还有跑马拉松的习惯，是个极其自律的人。她不仅在事业上取得了巨大成功，而且在生活中也保持着良好的习惯。Z 每天早上五点起床，无论天气如何，她都会坚持跑步五公里。她说，跑步不仅让她保持健康的体魄，还让她面对工作时充满能量和活力。

除了跑步，Z 还坚持冥想和阅读。她每天花半小时冥想，以平静心绪，集中注意力。之后，她会花一小时阅读各类书籍，扩展自己的知识面。Z 总是说，阅读让她在快节奏的生活中找到了一片宁静的空间，也让她在工作中更有创造力和洞察力。

　　Z 的自律不仅体现在她的日常习惯中，还体现在她对待工作的态度上。她总是提前规划好每天的工作任务，并严格按照计划执行。即使遇到困难和挑战，她也从不轻易放弃，总是迎难而上，寻找解决问题的办法。

　　每个人都可以找到应对低潮的方法。有些人靠马拉松长跑，有些人选择旅行，有些人去找信任的人倾诉，但所有方法都不能完全依赖别人来帮你解决低落的心境问题，摆脱困境最终要依靠自己的努力。

　　要做到自律和坚持，首先，需要明确目标。Z 总是在每周一写下本周的目标激励自己。目标不必太大，但应该具体且可衡量，这样既能激励自己，也能在完成时获得成就感。

　　其次，应培养良好的习惯。习惯的力量是巨大的，它能让你在不知不觉中完成许多事情。

　　再次，保持积极的心态也是关键。Z 通过冥想和阅读来保持内心的平静和专注，这让她在面对挑战时更冷静，也更有决心。自律并不意味着一味地逼迫自己，而是要找到适合自己的节奏，让自律成为生活的一部分。

　　最后，不要忽视对自己的奖励。当完成一个目标或是坚持了一项习惯时，可以适当地奖励自己，这样不仅能增强自律的动力，也能让自己更享受这个过程。

神奇减肥之路

2024 年春节档，贾玲导演并主演的电影《热辣滚烫》爆火，她减肥的成果也成为当时的热门话题。

如今这个以"瘦"为美的年代，对女性颜值和身材的要求已然越来越苛刻，女性的小码服装已经到了离谱的地步，这些小码服装和童装的尺码已经没有明显差异。

对女性外表的苛责本身就是一种畸形的审美，是过度强调女性的外表而忽略女性的内在与能力。女性保持身材并不应该刻意追求"白瘦幼"，也不应该是为了取悦异性，而应该是为了健康，为了取悦自己，帮助自己达到更自信的状态。

千万不要牺牲自己的身体健康去迎合大众审美标准，以获得容貌和身材的认同。我们不需要成为穿 XXS 码衣服的辣妹，不需要成为"零号身材"的女性，也不需要通过达到苛刻的完美无瑕的身材标准让自己变得更有吸引力，以此来让自己被社会接受。我们只需要合理地管理好自己的形象，就可以提升自信、增强能量以及增加交往和工作的机会。

你的形象如同你的名片，它能为你代言。良好的形象说明你是一个极度自律、意志力特别强的人，当别人在看电影、吃爆米花的时候，你可能在跑马拉松、做瑜伽；当别人在喝啤酒、吃烧烤的时候，你却在吃蔬菜沙拉。

我在前一家企业任职的时候，碰到一位很有趣且务实的职业女性，她曾在世界500强外企工作了很多年，然后跳槽去了民营企业，后来又回到了外企，并且奋斗到了中层管理职位。一次，她对我说："我特别羡慕你的身材，请问你是如何管理身材的？"

前半生的美，靠天赐；后半生的美，靠努力。我的减肥之路印证了这句话。

我曾经也走过和贾玲一样艰辛的减肥之路。

我对她说，我体重最重的时候有140斤。话音刚落，我的这位朋友立即目瞪口呆，她说："你现在活生生的人就在我眼前，我很难想象一个这么苗条的人居然会有体重140斤的时候。"我说："我以前真的很胖啊，你要是看过我那时候的照片可能会不敢相信是同一个人。很多人问我是不是整容了，我表示自己从来没有整过，那个时候我真的是'丑小鸭'。"

我大学的时候也曾盲目地试过吃减肥药、断食等各种方法，但这些都不能长期发挥作用。减肥的唯一方法是自律，提高控制食欲的意志力。

在大四考研那段时间，我成功减到 90 多斤，那是我人生中最瘦的时候。当时我采取的方法就是晚上断食，再加上考研那段时间也比较辛苦，起早贪黑地上培训班准备研究生入学考试，半年内我的体重从 140 斤减到 90 多斤。

但长期不吃晚饭并非可行的减肥办法，我考上研究生后，就放松了警惕，重新开始吃晚饭，再加上课业压力也没之前那么大，体重又迅速回升，甚至比减肥前更重。其间我也尝试过锻炼等方法，但效果很差。

毕业踏上工作岗位后，我开始了第二次减肥计划。不同于我第一次减肥的经历，我开始逐渐减少食量，循序渐进，晚上依旧会吃晚饭，但是食量减少，晚上八点后坚决不再吃任何东西。同时尽量在减肥期间减少运动，因为运动消耗能量后会非常饥饿，这时候还不能吃东西就太过煎熬，一旦进食就会造成体重增加，达不到减重的目的。反过来，如果不运动，尽可能地维持一定程度的能量值，那么还是可以通过少进食以达到减重的目的。

我的这些努力又收获了成果，体重慢慢地下降，我又一次达到了减肥的目标。现在我的体重维持在 100 斤左右超过十年了，即使生了两个孩子，也没有再发胖。

生育后保持身材的关键是在怀孕期间注意饮食和运动，每次吃得少一点，多吃几顿，坚持散步等中低强度的运动。从怀孕到临近生产时，我一共增重了 20 斤，在生育完之后的两个月内，我通过这个方法迅速恢复到了孕前体重。如果在怀孕后增重很多，等到生育后再去减肥，那么减肥的难度就会大很多。与其后期进行高强度的减肥，不如一开始就合理饮食和适度运动，进行有效的体重控制。

　　这就是我的减肥经历。对于我来说，减肥不是为了迎合世俗对美的定义，而是为了追求健康的身体、充沛的精力和从内到外的自信。而这份自信和健康，也让我在职场上无往不利。

活出自信：保持良好的女性形象

我们不仅要能成事、会说话，也要让自己每天都美美的。尤其到了40岁之后，美更多的是靠自律和努力，靠浑身上下散发的自信、精心保养的皮肤、严格管理的身材、与众不同的气质来综合呈现。

良好的形象让我在别人眼中成为自律的代名词，后天修养出来的气质让我成为人群中最沉稳的那一个。这些或许不能代表我的全部能力，但能给人留下美好的第一印象。在职场中，第一印象也是至关重要的。

以我为例，塑形是我开始有意识地打造自身形象的起点。

下面我先分享几个实用的塑形方法。

第一，购买体脂秤，定时测量体脂。你会非常清楚当下你的体重是多少，你的身体成分是什么样的，是体脂下降了还是肌肉量上升了，骨量多少。一般来讲，对于同体重的人而言，体型好的人体脂率会较低，而肌肉量会较高。也就是说，塑形的第一步是对自己的身体建立清晰的认知。这个办法我已经推荐给很多女性朋友，非常有用。

第二，在你对自己的身体成分有了大致了解后，制订规划去改善你的体形。体形的改善不能仅靠节食而必须通过运动实现，尤其是力量型训练，比如针对各个身体部位的器械训练等。这时候你可能需要聘请专业教练对你的运动方法提供专业指导，如果自己做，可能无法达到良好的训练效果。在经过一段时间的针对性指导后，再去上成本更低的团课，才知道如何正确地发力和训练。

第三，贵在坚持。我每天都会用体脂秤称体重和测身体成分，所以我深知每一天身体成分的变化。有时候因为工作原因没有办法维持规律的力量训练，那段不训练的时间，体脂率一定是上升的，肌肉量一定是下降的。随着年龄的增长，我们的肌肉会流失，而体脂会增加，所以运动也是我们对抗衰老的重要方式。而只有日积月累的训练，才能将你的体形维持在一个比较令人满意的水平。

第四，保持心理健康。很多女性暴饮暴食、增肥背后其实隐藏着深层次的心理原因，可能是对于自我价值的否定，经历挫折，不被认可和接纳；接着开始自我贬低，通过暴饮暴食来惩罚自己，对抗失望、委屈和无助感，并从中找到安慰。这种心理失衡的状态会导致体重增加，产生一系列的生理健康问题。

我经历了从胖到瘦，再从瘦到胖，最后到现在的健康体重，我的减肥之路并不容易，人生的每一步都有意义。你今天的样子是你过去行动的结果，而你今天的行动也会影响你未来的样子。我们充满活力的女性朋友们不仅要享受当下，更要积极行动起来。

对于护肤，我不随便买护肤品，也不去美容院。我每天都保持护肤的习惯，保持运动，保持良好的作息，我对皮肤的要求是保持好的状态，而不是刻意追求年轻化，也不迎合当下流行的审美，一切只需要呈现最真实、有活力的自己。

我对穿搭和化妆也很感兴趣，我会关注一些时尚博主的穿衣打扮，了解最新时尚潮流元素，但不会随波逐流，而是选择最适合自己的风格。我并不刻意追求名牌，而是一切以适合自己为标准，普普通通的 T 恤、裤子、裙子，只要搭配得好，也可以别具一格，展现自己的独特气质。对于我来说，合适的衣服比国际名牌更能体现我的审美和意趣。

第六章

提升格局

在未来看自己

想象一下十年后的你。

你拥有一个幸福的家庭、一份成功的事业，你通过不断努力和奋斗，实现了你前半生的理想，过上了让人羡慕的美好生活。那么如果时光倒流，回到十年前的今天，你会怎样对待自己呢？你应该怎样工作和生活，怎样与这个世界相处呢？

我们每个人都有困惑，不知道该怎么做的时候，可以从未来的视角看自己，就能明白需要做些什么来改善现状了。

当沉浸在当前的情境中，我们可能会迷失自己的人生目标，但是如果我们从未来的视角去思考，我们就会有不同的想法和视野。

我们需要榜样的力量。

仔细想一想，你未来想成为什么样的人？现实生活中有没有这样的榜样？列出你认为最出色的三位女性，然后思考你为什么喜欢她们，她们身上具备什么样的特质，哪些特质是你已经具备的，哪些是你目前还没有的。你可以以她们为榜样，她们为现在的你指明方向。

（1）她们是外向的还是内向的？

（2）她们都在自己的事业中取得了什么成就？

（3）她们具备什么样的品格？

（4）她们的哪些事迹给你留下的印象最深？

（5）她们在生命中扮演了很多角色，你最欣赏她们的哪一种角色？

（6）她们身上最让你动容的品质是什么？

（7）如果你想成为她们这样的人，当下的你该怎么做？

站在未来看自己，能显著提升思维和格局，让你保持优秀的思考习惯。不断反思总结，将现在的自己和未来的自己作对比，调整自身行为。

懂得站在未来看自己的女人有着很强的野心和欲望，这恰恰是取得成功的重要因素。站在未来看自己能让你清楚地知道自己的欲望在哪里，而满足任何欲望都要付出一定代价，你是否愿意为了未来的愿景而去付出努力呢？

电影《大话西游》里有个"时光穿梭机"，叫"月光宝盒"。至尊宝借助月光宝盒，回到过去去找白晶晶，每次都差一点点，每次都不甘心地从头来过。为了救自己心爱的人，他利用月光宝盒让时光倒流，以阻止不该发生的事情发生。这是很多观众最喜欢的片段，看上去是在表达男主人公情真意切、伟大的爱情，其实也是在讲人生，它的寓意似乎是每个人都希望在未来找到现在的自己，让未来的自己不会后悔。而月光宝盒给了人多重选择的机会，满足了人们在遗憾发生的时候再来一次的愿望。如果有可能再来一次，也许会做得更好，人们总是抱有这样的美好愿望。

但可惜的是，人生只有一次，想减少未来遗憾发生的概率，就要站在未来审视现在的自己。如果你不想未来有遗憾，想知道哪些地方可以做得更好，就需要更多理性的思考，需要更加积极的行动，需要更加自信乐观的精神，需要更加稳定的情绪。

拥有稳定的自尊

　　我身边的优秀女性无一不是自己人生舞台的主角，她们懂得为自己而活，对与自己无关的事情都不会过多在意，而是更多关注自己的学习和成长，爱自己，关注自己的感受。

　　原生家庭塑造了你的性格和人格，你无法改变你的原生家庭，但是你可以选择你想要的生活。

　　也许你 30 岁或更年长时，才发现父母的视野、格局和思想是有限的，你的认知也许已经超过他们，你无法改变他们的想法、他们对你的态度，但是你可以用自己的方式去回应，把重心放在你自己身上，你将不再为父母的眼光而活，不为任何人的眼光而活，我就是我，与众不同。

　　我们有时候活得很累，是因为太需要获得认可，希望得到好的评价——父母评价你孝顺，懂得感恩；同事评价你工作能力强，善于沟通协作；朋友评价你慷慨大方。你总想让自己有各种正面的标签，这些标签让你看起来很完美、很优秀，但是为了得到这些标签，你却忽略了自己内心真正的需求，没有给自己放松和休息的机会，而是不断地努力，害怕失去别人的赞赏，结果导致身体或心理出现健康问题。你可能在外界收获了很多赞美，成为别人眼中的好女人，却忘记了如何真正地开心。

这样的我们，内心的自尊来源于外界的评价和赞赏，但是，我们总有一天会老去，总有一天荣光不再，总有一天再也无法获得年轻时的青春活力，当这些外在的标签被撕去的时候，你又将如何看待自己？

你可能非常善于利用自己的优势，获得事业和家庭上的成功，但是在遇到挫折的时候也容易陷入抑郁，因为这种自尊是不稳定的，严重依赖外界的评价。当外在的优秀和强悍被剥夺的时候，你是否能安然接受这一切？

我想这是我们所有优秀女性都应该去思考的问题，尤其当你的事业还在爬坡期，你还拥有青春和无限精力，仍然在职场绽放光芒的时候，更应该去思考这些问题，防患于未然。让自己成为你内心世界的主角，而不是让这些外在的评价充斥着你的内心世界，失去真实的自我，变成为他人而活。

我曾经很听父母的话，对他们的命令和要求严格服从，不敢反抗。但是现在，我明白了他们的有些要求是不合理的，也学会了说

"不"，即使是父母，也不能随意掌控我的生活。女性应该有生活的自主权，不向任何强权屈服，让自己快乐才是最重要的事情。

你的自尊不来自父母，不来自你的领导，也不来自你的子女，只来自你自己。你自己决定了你想要什么样的人生，采取什么样的策略，哪怕遇到失败和困难，受到重大打击，你的自尊依然不会改变。无论外界环境如何变化，无论你遭受了什么样的背叛或者欺骗，即使受到事业上的打击，被领导否定你的能力，被伴侣指责你的各种不是，你还是你。

拥有稳定自尊的女人是坚强的，外在的强悍和优秀不代表真正的坚强，当鲜花和掌声消失的时候，你拥有什么样的感受？是感到失落、彷徨还是快乐？强大的女性也许会有短暂的悲伤和失落，但是不会因此陷入长时间的难过和抑郁，她们完全可以收放自如。

杨绛女士是我非常佩服的一位女性。杨绛女士是中国现代作家、文学翻译家、外国文学研究家，她的文字既充满了力量，又展现着平和。她的作品中流露着自然平淡、超凡脱俗、温柔敦厚、含蓄内敛的情感，从中我们也能看到她作为女性的独立意识，对自由的追求。她拥有跌宕起伏的一生，但始终平和、真诚并热爱生活。这与杨绛女士稳定的自尊是分不开的，因为她内心坚定而自信，所以她可以用平实的文字创作出如此具有张力的文学作品。

培养国际化视野

我一直在外企工作，在外企工作的优势之一是可以和来自不同国家和地区的同事进行沟通。公司总部在美国，IT 团队在印度，创意团队在罗马尼亚。在工作中我需要协同不同的部门完成项目的交付，因此，和这些来自不同国家和地区的同事进行有效沟通就是项目成功的关键。

如果你在一家跨国公司工作，你应该利用各种机会和来自不同国家的同事进行交流。你可以讨论项目相关的内容，也可以谈谈其他话题，比如其他国家的父母是如何教育孩子的，或者生活、学习、工作等方面的经验。这样做不仅可以加深你和同事之间的关系，也可以促进项目进展，还可以让你开拓国际化视野，感受不同文化的魅力。

随着全球化的步伐加快，国家之间和人与人之间的交流越来越频繁。我很庆幸从第一份工作开始，一直在外企工作，我认为未来的人才需要具备国际化的视野。我研究生阶段学习的是跨文化交流，有机会去学习和了解不同国家的文化，这对于我培养国际化视野是非常重要的。

我们让孩子学习英语不仅仅是为了考取好的英语成绩，更是为了让他们通过英语这个工具看世界，以此为窗口去和世界交流，去深入思考世界上文化的多样性和丰富性。

如果你不在外企工作，也可以通过以下几种方式拓展国际化视野：

首先，努力学习别国语言。

不要认为外语很难，没有基础就学不好。互联网提供了很多学外语的途径，在掌握一些基础之后，可以试着用外语表达，读外语原版小说，这对于提高说和读方面的外语技能非常有用。我以前在大学里学英语的时候就是靠阅读大量的英语原版小说增强了阅读理解能力，而且在开始工作后经常使用英语作为工作语言进行邮件写作和开会交流，这样写作和口语水平也自然提高了。

其次，多参加国际性的交流活动或者志愿者活动。

现在网络上有很多国际性交流活动会招募志愿者，这就是不错的拓展国际化视野的机会。在交流中你能获得跨文化沟通的经验，学会和来自不同国家的人打交道。

有条件的话，可以出国旅行，走出国门看看不一样的风景，见识当地的人文和地理环境，体验不一样的风土人情，还可以走进当地人的生活，体验他们独特的生活方式。

身处国际化的氛围，你思考问题的角度和看待事物的方法也会变得更加多元和理性，这对于我们女性增长见识、提高格局是不无裨益的。

学习人工智能新技术

人工智能是当今时代的前沿科学技术，它正在深刻地改变着我们的社会和生活。

很多人害怕人工智能技术会替代很多工作岗位，事实是人工智能不会替代人，但它的强大能力真的会淘汰很多不会使用人工智能工具的职场人。比如客服岗位，你是不是经常会接到来自银行的一些电话，其中很多都是数字人打过来的。又如导航，我记得在我购买第一辆新车的时候，我还额外花了 2000 元购买车载导航，但现在这种产品也被淘汰了，导航的语音播报也不是真人播报的，而是模拟名人的声音自动生成的。

我最近上了一些人工智能的课程，也开始将人工智能技术应用到我的工作和写作中。

学习人工智能新技术，对于我们女性来说，有以下几个方面的好处：

（1）开阔视野，提升思维能力。人工智能涉及多种学科的知识，如数学、计算机科学、心理学、哲学等，需要我们具备逻辑思维、创造性思维、批判性思维。通过学习人工智能新技术，我们可以接触到最新的理论和方法，拓展知识面，提高思维水平和解决问题的能力。

（2）增强竞争力，促进职业发展。人工智能已经广泛地应用于各行各业，如医疗、教育、金融、娱乐、法律等，对各种职业都提出了更高的要求。掌握人工智能新技术，可以让我们跟上时代的步伐，提升我们的专业素养和竞争力，为我们的职业发展提供更多的机会。

（3）丰富生活，提高幸福感。人工智能不仅是一门科学，也是一门艺术，它可以给我们的生活带来更多的便利和乐趣。我们可以利用人工智能新技术，实现智能家居、智能出行、智能娱乐等，让我们的生活更加舒适和安全。我们也可以借助人工智能新技术，进行自我提升、自我表达、自我实现等，让我们的生活更加丰富和有意义。

比如，人工智能工具能够帮助你撰写一些初级的营销文案，做一些翻译工作。职场人士经常会召开一些工作会议，通过会议录音，人工智能技术可以提取会议的内容，完成会议纪要。错过会议的人会后也可以通过会议纪要了解会议的讨论内容和结果，从而提高工作效率。人工智能工具还可以组织和完善你的 PPT，满足演讲和汇报的需求。

学习人工智能新技术，对于女性来说是一种必要的投资，也是一种有益的享受。它可以让我们在这个快速变化的时代拥有更多的优势和选择，实现我们的梦想和价值。

阅读和运动是女性抗衰老的良药

阅读和运动是我保持年轻的秘诀。阅读拓宽人的知识面，满足人的内心需求，运动锻炼人的身体，都是女性抵御衰老的好方法。

先说说阅读。

阅读是一种精神活动，它可以锻炼大脑，提高思维能力和创造力，延缓大脑衰老。阅读像是给大脑做按摩，让它保持活力和灵敏。阅读是一种情绪调节的方法，可以帮助我们缓解压力，释放负面情绪，平静心境，增强自信。阅读像是给心灵做治疗，让它保持健康和阳光。阅读是一种养生的艺术，可以帮助我们培养良好的生活习惯，改善睡眠质量，调节生物钟，提升气质。阅读像是给身体做保养，让它保持年轻和美丽。

我一年要读很多本书，涵盖经济、人文、营销管理、成长、心理、个人传记等各个类别。

阅读是扩展知识面的重要途径，如果长期不阅读，认知水平就会和高素质的人相去甚远。那些成功人士，没有一个是不喜欢阅读的。

阅读让我从各种书籍中提取关键信息，给我带来解决问题的思路。更为重要的是，当我徜徉在知识的海洋中，频频和作者的经历或观点产生共鸣的时候，我的内心产生了极大的满足感——原来还有人和我的想法一样，我想要表达的内容，作者已替我表达出来了。这种内心的共鸣大概是很难通过其他渠道获得的，而这种共鸣也让一个人的精神世界变得丰盈而充实。

阅读让思维更加缜密，让大脑思考更加积极，让语言表达更加丰富——我们的日常生活和学习中需要掌握丰富的词汇，而缺乏阅读就会让语言变得贫瘠，显得苍白无力。

再来说说运动。

我就是靠运动走出人生低谷的，运动不仅能改善情绪和强身健体，还能帮助保持充沛的精力、体力和战斗力，保持心情愉悦。

总有女性朋友跟我说，每天都要上班、带娃，哪还有时间和精力运动，回家就想躺在沙发上，累得不想动弹。但一个人真正没精力的原因，可能恰恰是缺乏运动。缺少运动的唯一原因是：懒。懒得活动，懒得走出家门，也承受不了运动后的累和汗。

付出和回报之间的关系，对于世界上的大部分事情来说，都不是一目了然的，但有一件事例外，那就是运动。许多女性朋友忽视了运动的好处，她们不知道，坚持运动一段时间后，身体状况会变好，体形会更加匀称美观。更重要的是，运动让你拥有充沛的精力，以更好的状态来面对和解决日常生活中遇到的难题。

当然，运动不当也会给身体带来一些损害，比如肌肉拉伤，我就有这样的经历：在练习瑜伽的过程中过于追求高难度的体式，超出了身体能承受的极限，造成髋部和肩颈肌肉拉伤。这种情况发生时，要立即停止运动，必要时求助医生进行康复训练，直至身体完全康复后才能继续运动。在运动时，应该寻求专业教练的帮助，保护自己的身体，防止因发力错误造成身体的损伤。

我希望我能一直学习和工作，一直锻炼身体，直到老去。阅读和运动都是需要长期坚持的活动，并不是一蹴而就的事情，应该将阅读和运动融入日常生活中，让阅读和运动成为你生活的一部分。当你坚持了一段时间后，你会发现有了很大的变化，变成一个崭新的自己，变得更加优秀。

职业女性如何应对职场性别化年龄歧视

　　我在本书序言中曾提到职场性别化年龄歧视的问题，女性随时可能面临年龄歧视。年轻的时候，我们可能会遭遇"低龄歧视"，即对年轻员工的年龄歧视，将年龄与经验混为一谈。受到年纪越大、资历越老等错误观念的影响，年轻女性总是被其他同事呼来喝去，甚至拍头戏弄，没有被足够严肃地对待。她们会被认为是没有主见、不专业、德不配位的，哪怕已经成为管理者也可能被误认为实习生、秘书、后勤人员等。

　　随着年龄的增加，我们又会遭遇"大龄歧视"，且往往不像同年龄段的男性那样，被重视或者被认为更有经验。特别是，我们女性因为被要求更多地承担家庭责任，被认为不会再将大部分精力放在公司，生产力低下，有落伍、爱计较、脾气大等特点，看起来不具备高管气质。这也是职场高管职位上鲜有大龄女性的原因之一。

通常，在年轻的时候，我们女性被认为不能独立负责项目或承担监督工作；等到年纪变大，又被认为不适合担任重要的职务。女性在任何年纪都可能被认为处在职场的"错误年龄段"。在这些错误观念的影响下，性别歧视叠加了年龄歧视，我们女性受累于这种"永远不对"的年龄歧视偏见，在职场要晋升、要发展，总是要比男性承受更多挑战，也更困难。当然，这样的状况近年来正逐渐好转。

事实上，职场年龄和性别的多元化能为公司带来更好的业绩，而年龄歧视则会降低员工的工作满意度和参与度。据调查，拥有多元化领导团队的公司有着更好的业绩表现，尤其在危机时期，这些组织在有更多盈利的情况下离职率也更低。人才成就企业，企业也因此有了更好的发展。

在此呼吁所有管理者要正视职场性别化年龄歧视的现象，给女性员工创造良好的发展环境，采取措施与员工一起解决"年龄歧视"的问题，专注于技能本身而非拥有这项技能的员工，不要有意或无意地揣测女性，让女性备受限制。管理者要营造创造性的合作氛围，鼓励不同年龄段的员工相互学习、组织交流，通过合作来寻找解决方案。

比如年龄较长的员工可以作为导师给年轻员工进行辅导，无论是在专业技能上还是在人际关系的处理上都可以提供帮助，帮助年轻人实现职业成长；而年纪较轻的员工在更现代化的环境中长大，可以为年纪较长的管理者提供不一样的新视角。有意识地建立年长员工与年轻员工的传帮带制度，有助于提升公司业绩。如果我们可以阻止对女性的年龄说三道四，那么不仅会造福女性朋友，也会造福整个企业、整个社会。

职场女性 40 岁迎来事业的黄金期

我刚过 39 岁生日的时候，写下了这些文字。职场上 35 岁的员工可能会遭受年龄歧视，女性则更是如此，好像过了 35 岁就没有什么好的工作机会了，如果遇到金融危机被公司裁员，那就更难找到合适的新工作。

最近，一位做高管的女性朋友告诉我，她被"优化"了，急需找一份新的工作。她 47 岁，曾经在一家外资的人力资源服务企业工作了十几年，从普通职员一步步做到了亚太地区副总裁。她曾开玩笑地说，CEO 都换了好几个了，她还是稳稳地留在那家公司。她本来打算在那家企业一直工作到退休的，但是形势变化了，近几年企业效益不好，提供咨询服务类的企业也没以前红火，公司考虑到成本问题，于是将她"优化"了。

她很焦虑，让我帮她关注工作机会，她说重新找工作需要很大勇气，她可以降低要求，只要有份工作就行了，她不指望再找到高管的工作。近两年，受整体经济大环境的影响，身边与她遭遇相似的高管朋友也不少。困难是短暂的，后来，她通过自己的人脉找到了一份在大公司做独立顾问的工作，工作时间更加自由。她开设了一个公众号，分享她的职场感悟，也更有时间出席业内人士的聚会，同时她当起了职场教练，为年轻人在职场的发展提供指导。她做着自己喜欢的事情，生活过得有声有色。

40 岁是职场女性的一个重要的转折点，在这个年龄段我们开始收获自己多年努力的成果，无论是职场还是生活。我们有了更多的经验、智慧和自信，也有了更多的选择和机会。

40 岁时，我们已经在职场摸爬滚打十多年，积累了丰富的工作经验和专业能力，可以胜任更多的职位和项目，也更有信心面对不同的挑战和机遇。我们不再像年轻时那样容易受到外界的干扰和影响，而是有了自己的价值观和判断力。

同时我们也已经建立了稳定的人脉网络，拥有一定的社会资源，可以借助这些寻找新的合作伙伴、客户或者雇主，也可以通过这些渠道获取更多的信息和支持。我们不再孤军奋战，而是可以依靠团队的力量。

在生活上，我们明白了健康的重要性，形成了良好的生活习惯，可以平衡工作和生活的需求，也更注重自己的身心健康和素养的提升。不再为了应付眼前的事情而忽略了长远的规划，而是可以制订合适的目标和行动计划。

相较于初入职场的年轻人，40 岁的女性拥有了更好的经济条件和社会地位，可以享受更好的物质和精神生活，不再只是被动的接受者和消费者，而是可以成为社会积极的贡献者和创造者。

这是一个值得庆祝和珍惜的阶段，也是一个充满挑战和机遇的阶段。40 岁的你不但不要放弃自己，反而更要相信生活和事业的黄金时代即将到来。

撕掉标签，创作你的故事

个人 IP 时代的到来，使得个人品牌变得越来越重要。

我有一位女性朋友 J，她担任一家跨国企业的传播负责人已经 25 年。她的主场一直是世界 500 强外企，但是她并不满足于主业的工作，在主业外她还积极地从事一些副业，比如在微信公众平台开设自媒体，写专栏，为其他自媒体撰稿，开设自己的视频号，发表公关专业领域观点，她是 30 个微信群的群主，个人微信号已添加 9990 位好友，即将破万，在副业这条道路上她已经坚持了 4 年。在她的万人微信朋友圈里，记录家人、朋友、生活以及副业居多，而关于主业的内容极少。

一个令人难过的事实是：大企业 90% 的员工所创造的效益是小于企业在他们身上的投入的，所以在企业内部，员工也被称为"成本中心"。企业需要为每个员工支付工资、社保和其他福利，但是员工究竟创造了多少价值往往是无法准确估算的。同时，大部分员工可以随时被替代。

做副业不一定是为了赚钱，而是为了思考和行动：如果有一天我离开了大企业的平台，当大企业的高管标签被撕掉，光环褪去，我会是谁？我还能怎样实现自己的价值？

另一方面，由于自媒体和短视频的出现，职场人士和有自己生意的企业家可以通过这些社交媒体平台来打造个人品牌。这样我们将来离开企业时仍然有影响力，有创造价值的资本。

J告诉我，她尝试的副业项目都有点无心插柳，且尚未打造出成熟的盈利体系或者持续取得很大的成绩，因此也无法替代主业成为收入的主要来源，但是经营副业的这几年，她很有心得，并且感到个人价值进一步被放大。她说副业利于交朋友，带她走出象牙塔，她可以遇到各种不同背景的人，和这些人打交道非常有意思，从她的微信好友人数可以看出她现在的人脉圈有多广。做副业前，她的微信好友不足百人，通过运营公众号、直播、社群，她的微信好友人数翻了100倍。

通过广交朋友，她感觉自己的认知和能力也得到提升。对她来说，副业就是创作人生，且人人皆可从事"副业"。任何职场人在主业谋生之余，别忘了创作，别忘了打磨和推广自己，这才是一份终身职业。不是只有艺术家、演员、作家、导演才需要创作，身处互联网时代，我们每个人都要创作自己的人生脚本。而创作又是一项非常艰巨的工作，需要耗费心力和能量。很多时候，即便调动了一切能量，可能也创作不出来。你需要时常问自己：

你是谁？

你想要得到什么？

你能为别人提供什么价值？

当离开了主业的平台，你对这些问题的答案是否依旧清晰？

美剧《权力的游戏》里有一句话很经典：

There's nothing in the world more powerful than a good story.

一个好的故事是世上最强大的力量。

你的故事是你的魅力所在，是你与他人沟通和交流的桥梁，是你实现自我价值的途径。

从现在就开始创作你的故事吧，吸引和你同频的好友，不要放弃，坚持下去！

任何时候都是你最好的年龄

有人认为，25 岁对女性来说是最佳的生育年龄；更多的人认为，25 岁对女性来说是做任何事情都最适合的年龄。

但我觉得女性的任何年龄都是最好的年龄，这其实和年龄本身没有关系，不管你是 25 岁还是已经中年，或者是年迈老人，只要你活出自己，拥有自信，那么你在任何时候都是风光无限，会看到不同的景色，而这些不同的景色都是你人生的重要节点，形式各异，但都能使你的人生更加丰富、完美。

记得有一次，我们团队开了一个内部会议，讨论的问题是：到现在为止，你觉得什么时候是你人生中最美好的时光？我最难忘的是一位同事的回答，她说："我觉得是刚毕业谈恋爱的时候。"她在言谈之中透露着对那段青葱岁月的无比怀念，因为没有现实生活的负担，所以感觉甚是美好。她现在已身为人母，每天忧虑孩子的考试和升学问题，担心风雨飘摇的工作，操心鸡毛蒜皮的小事。接着她说："我不满意现在的样子，以前我的身材很好，可是自从结婚生孩子后，我的体重就一直没有降下来，太胖了。"

我当时的想法是：我觉得自己现在就在最佳的年龄段！虽然我的压力和责任比年轻时增加了，但是我的心态更加成熟，人生经验也更加丰富，而且还有两个孩子给我带来不同的家庭乐趣！这些都是很幸福的事情。

学生时代，你年轻有朝气，充满活力，这个阶段很美好，未来充满希望。当你25岁的时候，已经完成学业，这时你刚进入职场不久，对新环境既感到期待又有一些紧张和不安。作为"新人"，你会有些忐忑，害怕出错或难以融入团队，你想与同事交流，但又担心自己说的话不得体。这时候你可能遇见了爱你的另一半，感受到生活的另一种美妙，同时也没有太多生活上的负担。

转眼到35岁的时候，你已经组建了自己的家庭，并育有子女，同时工作上也变得成熟干练、经验丰富，但也遇到了不小的挑战，处在事业爬坡期的你压力很大，"35岁危机"呼啸袭来，你感到肩膀上的负担越来越重了。人到中年会面临一系列转变和挑战，比如更年期提前到来，父母健康、子女教育、职业发展和人际关系等问题都使你担心、发愁，但是你依然在努力地生活。

到了50岁，可能你的孩子已经上大学，你也即将退休，你要面临退休后的生活变化。你逐渐老去，老得走不动路了，你的挑战是要面对身体各方面的不适，医院变成了你最熟悉的地方……但是当你年迈时，心中有无数美好回忆让你珍惜不已，这些回忆构成了你独一无二的人生，你会觉得此生无憾。

全球首富马斯克的母亲梅耶·马斯克就是一位从来不向年龄妥协的优秀女性，她不仅拥有两个硕士学位，还成功培养了三位极其优秀的子女，哪怕她已年过古稀，依然活跃在公众视线中。她优雅干练，注重形象，气质极佳，身兼营养师、演讲者、作者、模特等多重身份，从来不会向糟糕的命运妥协，始终积极乐观地面对生活中的困难，热爱接受各种挑战。

梅耶·马斯克年轻的时候遭受丈夫的家暴，她并没有妥协，而是奋力摆脱，凭一己之力养育了三个成功的子女。在子女都事业有成、组建了家庭之后，她依然没有停下奋斗的步伐，而是活跃在舞台和各种公众场合，这种永不服输、奋斗不止和发光发热的精神值得我们每位女性学习。

在人生的每个阶段，我们会遇到各不相同的体验，这些体验可能是美好的，可能是痛苦的，同时也会面临不同的挑战。我们终其一生，都是在不同的体验和挑战中不断地适应生活，调整自己的行为，感受行动的力量。

我认为，在每个不同的年龄阶段，我都处在人生的特殊时刻，每个年龄段对我来说都是最合适的。年轻不取决于年龄，而取决于行动。不管多么年轻，如果不行动就会显得老。我们应该做的是活在当下，享受不同阶段的美好生活，积极地去行动、去体验、去探索，坚持奋斗，活出自我。这样，我们女性必定会光芒四射。当你带着好奇心全力以赴，为你的事业和生活全心全意奋斗的时候，大家看到的是你的热情、你的能量和活力，而不是你的皱纹。

不负光阴，不负韶华，砥砺前行，方得始终。成为你想成为的女性吧！